SEMINAR-SPIELE

Kennenlernspiele,
Auflockerungsspiele,
Feedbackspiele und
Interaktionsspiele

Gert Schilling

Gert Schilling Verlag, Berlin

Schilling, Gert
Seminar-Spiele
Kennenlernspiele, Auflockerungsspiele, Feedbackspiele und Interaktionsspiele

© Gert Schilling Verlag, Berlin
Alle Rechte vorbehalten
ISBN 978-3-930816-63-7

SCHILLING | VERLAG

SEMINAR-SPIELE

Die vorgestellten Seminar-Spiele sind eine bunte Sammlung von Kennenlern-, Auflockerungs-, Namens-, Feedback- und Interaktionsspielen. Sie können Spiele für die jeweilige Lernsituation wählen und sie entsprechend variieren.

Wenn Sie Spiele aus diesem Heft ausprobieren, freue ich mich über eine Rückmeldung, über die Schilderung Ihrer Erfahrungen, über Anregungen und Kritik. Auch wenn Sie Fragen zum Einsatz oder zum Ablauf einzelner Spiele haben, rufen Sie mich gerne an. Meine Adresse finden Sie auf den hinteren Seiten.

Unter der Rubrik »Reflexion« sind Fragen oder Auswertungsmöglichkeiten aufgeführt, die Sie nach dem Spiel mit Ihren Teilnehmern durchführen können. Passen Sie die Fragen an die jeweilige Seminarsituation an. Die meisten Spiele lassen sich aber auch »nur« als Auflockerung und Aktivierung einsetzen.

Ich wünsche Ihnen viel Spass beim Lesen, Ausprobieren und Spielen!

Gert Schilling

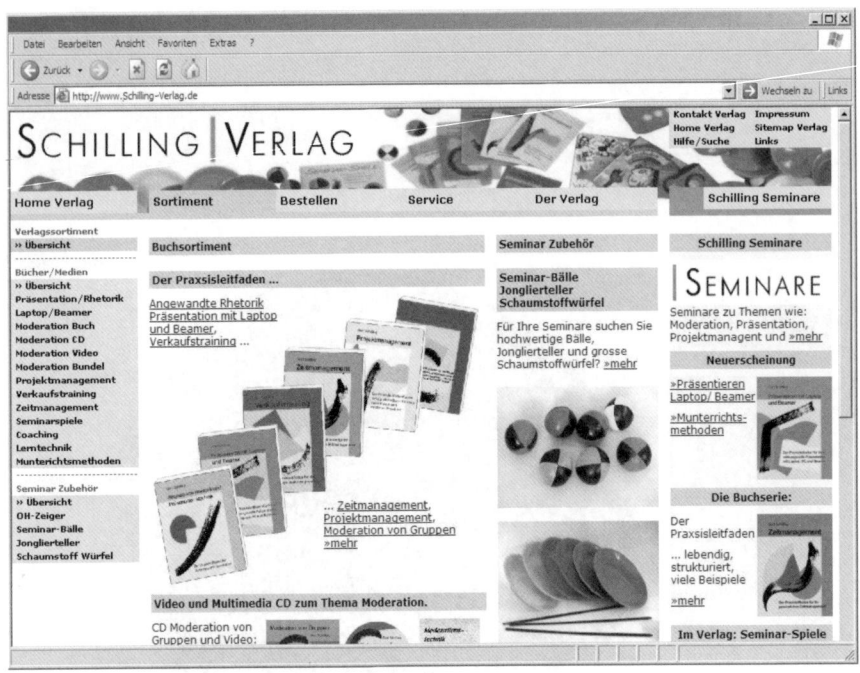
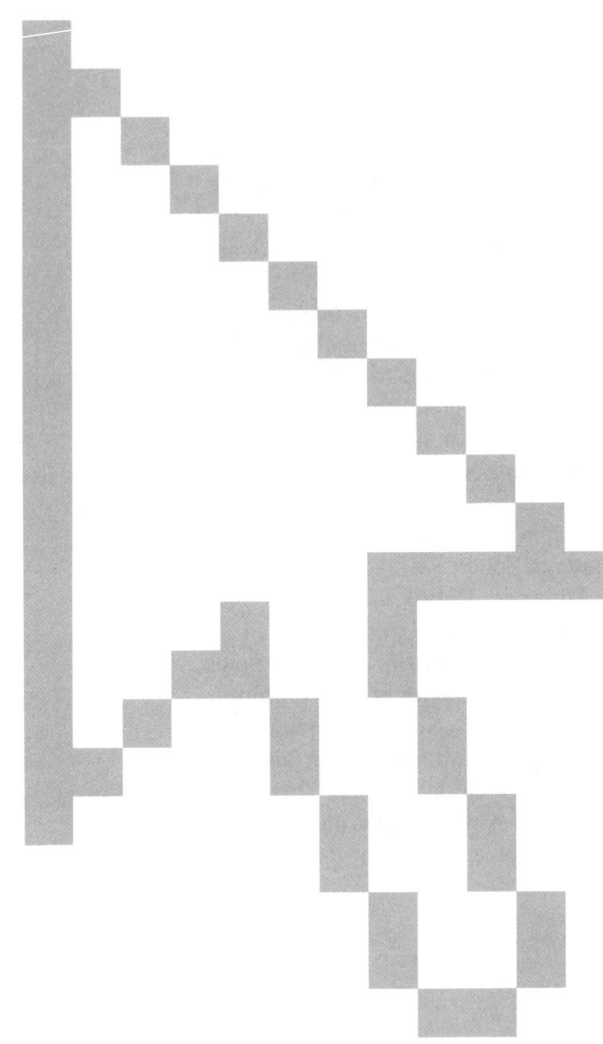

Inhaltsverzeichnis

Für Ihre Übersicht

Inhaltsverzeichnis 5
Spiele, die Sie in diesem
    Buch finden 7
»Zeichenerklärung«
    zur Übersicht 9
Übersicht über den
    Einsatz der Spiele 11

So leiten Sie Seminarspiele an

Tipps für Seminarspiele 15
Anleiten von
    Seminarspielen 25

Die Spiele

Gemeinsames Plakat 31
Drei Stühle 33
Wer-ist-das? 35
Würfel-Fragen 37
Stuhl-Fragen-Wechsel 39
Achtung Nachbar 41
Überkreuz-Namen 43
Namensspiel mit Bällen 45
Rücken-Meldung 47
Nachrichten-Feedback 49
Feedback mit Mikro 51
Blitzlicht mit Jonglier-Teller 53
Guten Morgen auf anderen
    Wegen 55
Steinbock-Adler-Murmeltier 57
Drache-Held-Prinzessin 59
Ball-Bahnen 61
Schnipp und Klatsch 63
Ostfriesen-Abitur 65
Gelbtest 67
Killerphrasen-Fresser 69
Einfach den Stock ablegen 71
Raupe 73
Schnell-Ball 75
Kippstuhl 79
Hand-Zahlen-Rätsel 81
Würfel-Achtung-Eins 83
Haus-Baum-Hund 85
Bilder-Stille-Post 87
Hund zeichnen 89
Abschlussgeschichte 91
Puzzle Mensch 93
Blindes Seil 95
Können Eier fliegen? 97
Turmbau 99
Turmbau mit Planern und
    Workern 101
3-Wort-Geschichte 105
Säurefluss 107
NASA-Experiment 109
9-Punkte-Problem 113
Mipps und Wors 117
Geometrie-Anweisung 119

Und noch etwas mehr als Spiele

Findekarten 123
Kurzanleitung Teller-Jonglage . 125
Jonglier-Teller-Metapher 127
Kurzanleitung 3-Ball-Jonglage . 129
Spanisches Feuerwerk 133

Online Daten

Zu einigen Spielen finden Sie im Internet Vorlagen, Arbeitsanweisungen, Anleitungen, Formulare und Bilder zum kostenlosen Downloaden.

    Gehen Sie hierzu auf die Verlagswebseite www.schilling-verlag.de in den Bereich Service.

    Unter anderem zu folgenden Spielen finden Sie Vorlagen auf der Webseite:

    Ostfriesen-Abitur, Bilder-Stille-Post, Hund zeichnen, Können Eier fliegen?, Turmbau, Turmbau mit Planern und Workern, NASA-Experiment, 9-Punkte-Problem, Mipps und Wors, Geometrie-Anweisung.

Spiele, die Sie in diesem Buch finden

Seminarspiele

»Wir sind doch nicht zum Spielen hier. Ich dachte, wir lernen etwas!« Widerspricht sich das etwa? Entweder ich spiele oder ich lerne? Spielen und Lernen, spielerisch lernen ist kein Widerspruch!

In diesem Buch sind Möglichkeiten zum Spieleinsatz in Lehrsituationen beschrieben. Hier geht es speziell um Spiele, bei denen die Beteiligten soziale, kommunikative, kreative oder kooperative Lernerfahrungen machen. Es geht um die Entwicklung, Entdeckung und Reflexion der Fähigkeiten, die oft auch »soft skills« genannt werden.

Spielbeschreibung

Welche Spiele finden Sie in diesem Buch? Die Auswahl konzentriert sich auf Spiele, die sich in der Seminarpraxis bewährt haben und auf gute Resonanz bei den Teilnehmern gestoßen sind. Die Spiele sind so beschrieben, dass Sie sie problemlos nachvollziehen können. Die wörtlichen Reden, die in die Spielerklärungen eingefügt sind, erleichtern die Überlegungen für Ihre eigene Spielerklärung vor Ihren Teilnehmern.

Entscheidend ist nicht, wie viele Spiele Sie kennen, sondern wie viele Spiele Sie in Ihrer Seminarpraxis einsetzen.

Variieren Sie: Die Spielbeschreibungen sind nicht in Beton gegossen. Bewährt sich bei Ihnen eine andere Variante, nutzen Sie diese. Erfinden und experimentieren Sie. Wenn Sie auf eine interessante Umgestaltung stoßen, freue ich mich auf Ihre Rückmeldung.

Aufbau der Spielbeschreibung

Zu jedem Spiel finden Sie einen ähnlichen Aufbau der Spielanleitung mit den Elementen:
o Organisation
o Ablauf
o Reflexion
o Einsatz

Organisation

Hier sind grundlegende Informationen beschrieben:
o Art des Spiels:
  Handelt es sich um ein Kennenlern-, Auflockerungs- oder Interaktionsspiel, ist es eher ein A-, B- oder C-Spiel? (Erklärung zur A, B oder C Einordnung auf den nächsten Seiten)
o Anzahl der Teilnehmer:
  Bei welcher Teilnehmerzahl können Sie dieses Spiel sinnvoll einsetzen?
o Zeitbedarf:
  Wie lange dauert das Spiel in etwa?
o Material:
  Für einige Spiele benötigen Sie Material. Dazu gehören Dinge, die Sie wahrscheinlich in Ihrem Seminarkoffer finden, wie: Papier, Flipchartbögen, Moderationskarten, Schere, Kleber, Kreppband, Seil und Stifte. Aber auch einige »exotische« Dinge wie: Seminar-Jonglier-Bälle oder Seminar-Jonglier-Teller. Diese können Sie über den Gert Schilling Verlag beziehen: www.schilling-verlag.de

Ablauf

Der Ablauf des Spiels ist so erklärt, dass Sie ihn gut nachvollziehen können.

Reflexion

Zu jedem Spiel finden Sie Anregungen und Ideen für die Reflexionsphase. Auswertungsfragen erleichtern Ihnen die gemeinsame Reflexion der Übung mit den Teilnehmern.

Einsatz

Wo setzen Sie welches Spiel ein? Welche Übung passt zu welchem Seminarthema? Auch hierzu finden Sie Anregungen.

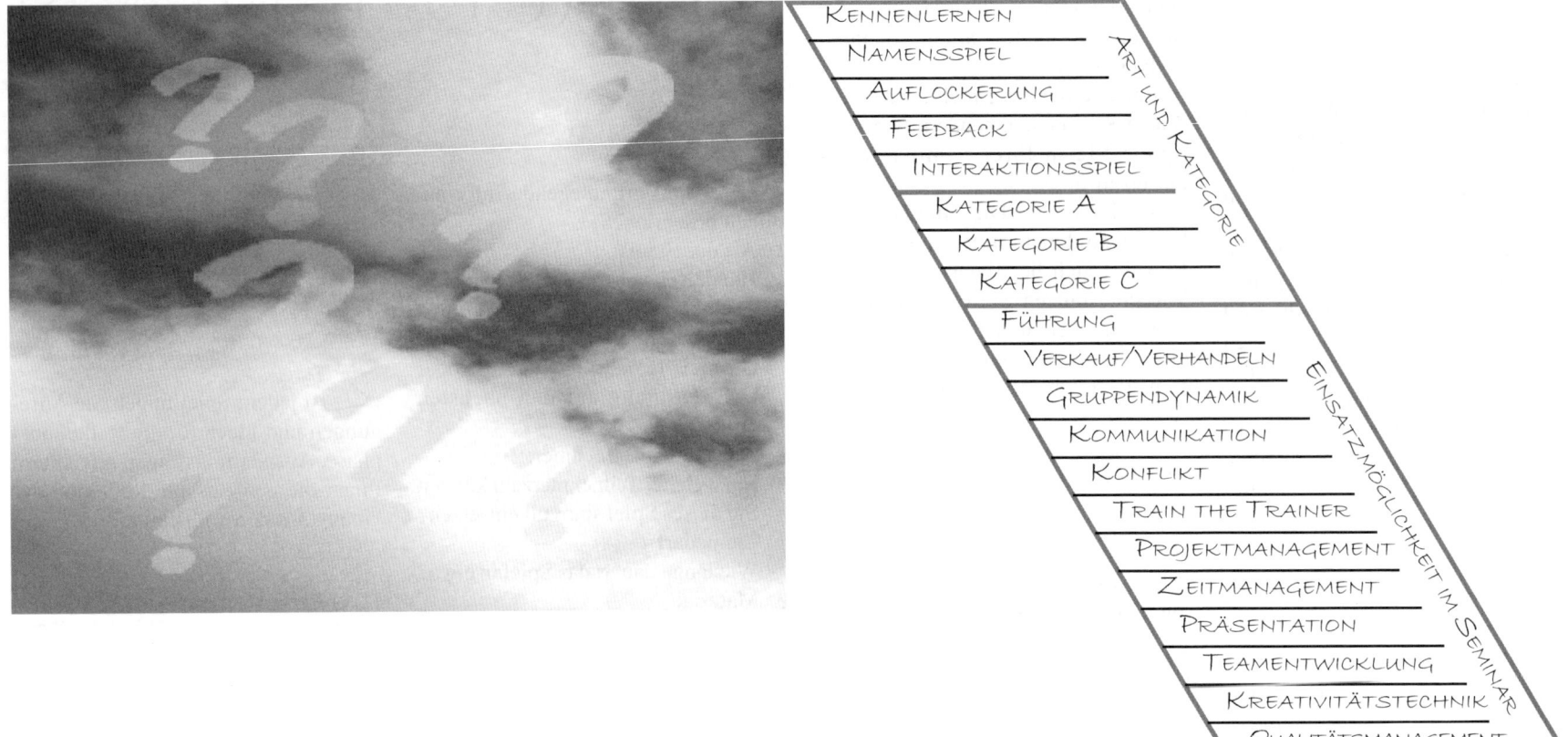

Art und Kategorie	Einsatzmöglichkeit im Seminar
Kennenlernen	Führung
Namensspiel	Verkauf/Verhandeln
Auflockerung	Gruppendynamik
Feedback	Kommunikation
Interaktionsspiel	Konflikt
Kategorie A	Train the Trainer
Kategorie B	Projektmanagement
Kategorie C	Zeitmanagement
	Präsentation
	Teamentwicklung
	Kreativitätstechnik
	Qualitätsmanagement
	Für »alle« Themen

»Zeichenerklärung« zur Übersicht

Überblick

Auf den folgenden Seiten finden Sie eine Übersicht aller Spiele. Die Übersichts-Matrix erleichtert Ihnen die Einordnung. Die Spiele sind in der senkrechten Spalte aufgeführt. In der waagerechten befinden sich die Zuordnungen:
- Seitenzahl
- Art des Spiels
- Kategorie
- Seminareinsatzmöglichkeit

Art des Spiels

Zu jedem Spiel finden Sie eine Einordnung. Handelt es sich primär um ein Auflockerungs-, Kennenlern-, Namens-, Feedback- oder Interaktionsspiel, in dem es um Gruppendynamik, Information oder Kommunikation gehen kann?

Kategorie ABC-Spiel

Zur besseren Einordnung sind die Spiele in die Kategorien A, B und C eingeteilt. Was bedeutet das?

A-Spiel

A-Spiele sind primär Auflockerungsspiele, die nur kurze Zeit in Anspruch nehmen und meist keinen allzu gewichtigen »Hintergrund« haben. Ziel dieser Spiele ist es, einen kurzen »break« zu haben, Energie zu tanken und sich aufzulockern. Die Spiele sind meist mit einer körperlichen Aktion verbunden. Es tut gut, mal aufzustehen. Ein »Energizer«, wie man neudeutsch sagt. Die Zeitdauer beträgt in der Regel 5-10 Minuten.

B-Spiel

B-Spiele sind Lernspiele mit Hintergrund. Diese Spiele beinhalten ein Lern- und Aha-Erlebnis für die Teilnehmer. Hier haben Sie die Möglichkeit, einen Bezug zum Seminarthema herzustellen, und die Spiele in den Ablauf zu integrieren. Natürlich sind auch diese Spiele mit einer Auflockerung verbunden, gehen in der Regel aber darüber hinaus. Eine zumindest kurze Reflexionsphase gibt Ihnen und Ihren Teilnehmern die Möglichkeit, andere Blickwinkel einzunehmen. Die Zeitdauer beträgt in der Regel 10-40 Minuten.

C-Spiel

C-Spiele sind Seminar-Lern-Spiele mit höherem Aufwand. Sie sind wesentlicher Bestandteil des Seminarinhalts, haben häufig einen theoretischen Hintergrund oder sind mit theoretischen Lerninhalten verknüpft und benötigen eine ausführliche Reflexionsphase. Sie dienen in der Regel nicht der Auflockerung, trotzdem sind sie aktivierend und belebend für die Teilnehmer. Die Zeitdauer beträgt 45-120 Minuten und mehr.

Seminareinsatzmöglichkeit

Welches Spiel passt zu welchem Seminar? Anhaltspunkte finden Sie in der Spalte »Einsatzmöglichkeiten im Seminar«. Als Themen stehen zur Auswahl:
- Führen
- Verkauf/Verhandeln
- Gruppendynamik
- Kommunikation
- Konflikt
- Train the Trainer
- Projektmanagement
- Zeitmanagement
- Präsentation
- Teamentwicklung
- Kreativitätstechnik
- Qualitätsmanagement

Die Zuordnung kann Ihnen als Hinweis dienen. Natürlich gibt es immer Themenüberschneidungen und einige Spiele, die zu »allen« Themen passen. Einige Spiele lassen sich durch eine kleine Veränderung auf andere Themen anwenden. Sie dürfen kreativ werden.

Das Plus

Als kleines Plus finden Sie neben den Seminarspielen eine Kurzanleitung für die 3-Ball- und Teller-Jonglage. Und Beispiele, wie Sie die Teller-Jonglage als Metapher in Ihre Seminarinhalte integrieren können.

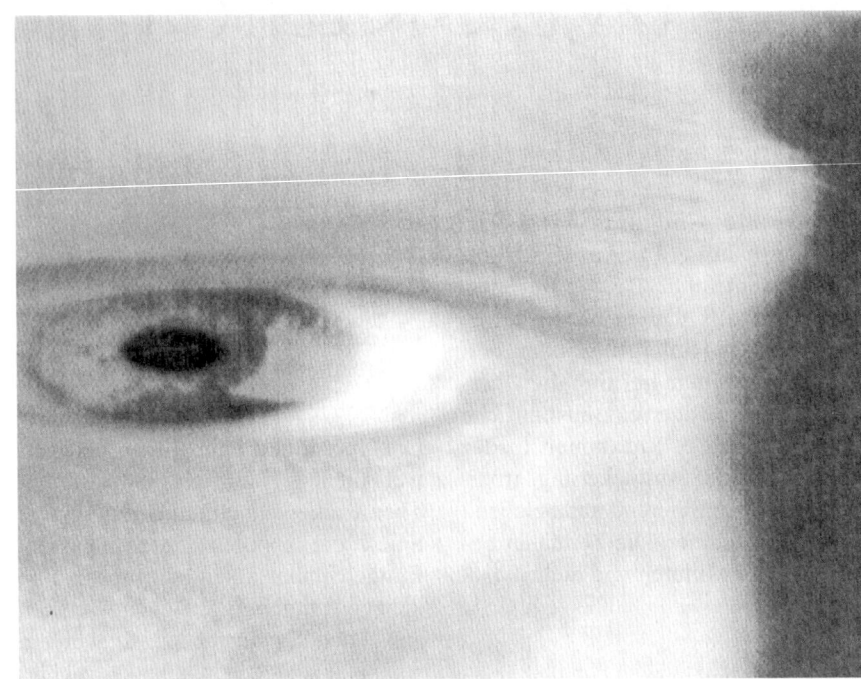

Übersicht über den Einsatz der Spiele

Spiel	Seite	Kennenlernen	Namensspiel	Auflockerung	Feedback	Interaktionsspiel	Kategorie A	Kategorie B	Kategorie C	Führung	Verkauf/Verhandeln	Gruppendynamik	Kommunikation	Konflikt	Train the Trainer	Projektmanagement	Zeitmanagement	Präsentation	Teamentwicklung	Kreativitätstechnik	Qualitätsmanagement	Für »aller« Themen
Gemeinsames Plakat	31	•					•	•		•							•	•				•
Drei Stühle	33	•					•	•														•
Wer-ist-das?	35	•					•			•								•				•
Würfel-Fragen	37	•					•	•														•
Stuhl-Fragen-Wechsel	39	•					•															•
Achtung Nachbar	41		•				•			•												•
Überkreuz Namen	43		•				•			•												•
Namensspiel mit Bällen	45		•				•			•												•
Rücken-Meldung	47				•		•	•														•
Nachrichten-Feedback	49				•		•															•
Feedback mit Mikro	51				•																	•
Blitzlicht mit Jonglier-Teller	53				•																	•
Guten Morgen auf anderen Wegen	55			•			•															•
Steinbock-Adler-Murmeltier	57			•			•			•			•							•		•
Drache-Held-Prinzessin	59			•			•		•		•		•					•				•
Ball-Bahnen	61			•	•		•		•	•							•					•
Schnipp und Klatsch	63			•			•															•

11

Übersicht über den Einsatz der Spiele

Spiel	Seite	Kennenlernen	Namensspiel	Auflockerung	Feedback	Interaktionsspiel	Kategorie A	Kategorie B	Kategorie C	Führung	Verkauf/Verhandeln	Gruppendynamik	Kommunikation	Konflikt	Train the Trainer	Projektmanagement	Zeitmanagement	Präsentation	Teamentwicklung	Kreativitätstechnik	Qualitätsmanagement	Für »alle« Themen
Ostfriesen-Abitur	65			•		•							•		•						•	•
Gelbtest	67			•		•																•
Killerphrasen-Fresser	69			•		•												•				
Einfach den Stock ablegen	71			•		•	•					•		•				•				
Raupe	73			•			•	•	•			•	•		•	•			•			
Schnell-Ball	75			•			•	•	•										•	•	•	
Kippstuhl	79			•			•	•	•	•	•		•						•	•		
Hand-Zahlen-Rätsel	81			•		•							•						•			
Würfel-achtung-Eins	83			•		•			•	•	•		•	•					•			
Haus-Baum-Hund	85			•		•							•						•			
Bilder-Stille-Post	87			•		•			•				•					•				
Hund zeichnen	89		•		•	•														•		
Abschlussgeschichte	91		•	•	•	•							•					•		•		•
Puzzle Mensch	93			•		•	•			•	•				•							•
Blindes Seil	95				•		•	•	•		•								•		•	
Können Eier fliegen?	97			•			•	•			•	•			•				•	•		
Turmbau	99			•			•	•			•	•		•					•	•		

Übersicht über den Einsatz der Spiele

Spiel	Seite	Kennenlernen	Namensspiel	Auflockerung	Feedback	Interaktionsspiel	Kategorie A	Kategorie B	Kategorie C	Führung	Verkauf/Verhandeln	Gruppendynamik	Kommunikation	Konflikt	Train the Trainer	Projektmanagement	Zeitmanagement	Präsentation	Teamentwicklung	Kreativitätstechnik	Qualitätstechnik	Für »alle« Themen
Turmbau mit Planern und Workern	101			●			●	●		●			●						●	●		
3-Wort-Geschichte	105			●		●				●								●				
Säurefluss	107			●			●	●		●	●	●	●					●				
NASA-Experiment	109			●			●				●	●						●				
9-Punkte-Problem	113			●	●	●							●							●		
Mipps und Wors	117			●			●				●		●					●				
Geometrie-Anweisung	119			●		●	●	●					●					●				

Und noch etwas mehr als Spiele:	
Findekarten	123
Kurzanleitung Teller-Jonglage	125
Jonglier-Teller-Metapher	127
Kurzanleitung 3-Ball-Jonglage	129
Spanisches Feuerwerk	133

Blindes Seil
Seite 95

Tipps für Seminarspiele ...

Freiwilligkeit

Die Teilnahme am Spiel ist immer freiwillig. Wenn jemand nicht mitspielen möchte, ist das völlig in Ordnung. Sie sollten aber trotzdem alle zum Mitmachen motivieren. Fragen Sie die Teilnehmer, die keine Lust zu haben scheinen, nach den Gründen dafür. Meist lassen sich schon dadurch Bedenken zerstreuen.

Motivation

»Müssen wir das machen?« »Ähh, jetzt auch das noch!« solche oder ähnliche Ausrufe haben Sie vielleicht schon von Ihren Teilnehmern vernommen, als Sie vorgeschlagen haben: »Lassen Sie uns doch jetzt mal ein kleines Spiel machen«. Wie motivieren Sie die Teilnehmer zum Mitspielen? Häufig ist es gar nicht Unlust, sondern eher Unsicherheit und Angst, sich vor den Anderen zu blamieren oder fehlende Einsicht in den Sinn des Spiels, was den Widerstand auslöst.

Erkennen die Teilnehmer, dass die Seminarspiele Lerneffekte und »Aha-Erlebnisse« ermöglichen können und das Ganze auch noch Spaß macht, werden die Bedenken schnell zerstreut sein.

Um die Hemmschwelle für einen Teilnehmer gering zu gestalten, haben Sie die Möglichkeit, ihm zuerst einmal eine »harmlosere« Aufgabe zu übertragen. Integrieren Sie ihn z.B. in eine Beobachterrolle oder als jemanden, der Sie beim Notizenmachen unterstützt. Wahrscheinlich wird er beim nächsten Spiel mitmachen und nicht mehr nur beobachten wollen.

Auch der gruppendynamische Effekt ist nicht zu unterschätzen. Wenn ein oder zwei Teilnehmer sich negativ zu der Spielidee äußern, kann das die ganze Gruppe beeinflussen. Das funktioniert natürlich auch anders herum. Ruft ein Teilnehmer, nachdem Sie ein Spiel angekündigt haben: »Au ja, klasse, endlich eine Auflockerung!« und steht schon auf, bevor Sie die Gruppe dazu überhaupt aufgefordert haben, haben Sie meist schon alle Teilnehmer für das Spiel gewonnen. Aber was machen Sie, wenn zwei negative Äußerungen kommen und die ganze Gruppe in eine misstrauische »Warten wir ab«-Haltung verfällt? Aus meiner Erfahrung hat sich folgende Vorgehensweise bewährt: Formulieren Sie das Spiel als Vorschlag, das Sie durchführen können oder auch nicht. Sie würden das Spiel gerne mit den Teilnehmern erleben, aber wenn diese sich dagegen entscheiden, wäre das auch O.K. »Ich habe ein Experiment mitgebracht, welches wir hier durchführen könnten. Es ist ein Angebot. Wie ist die Stimmung bei euch dazu?« Haben Sie eine zurückhaltende Gruppe, werden nicht alle gleich »Ja, super« schreien, aber wenn jetzt kein massiver Widerstand kommt, sondern verhaltenes, zustimmendes Brummen, können Sie es probieren. »O.K., das ist ein Experiment, bei dem wir etwas über unsere Kommunikation erfahren können. Alle sind eingeladen. Steht ihr bitte dazu auf«, jetzt machen Sie eine einladende Handbewegung und stehen selbst auf. Dies gibt in den meisten Fällen der ganzen Gruppe den Impuls zum Aufstehen. Der Gedanke, der dahinter steckt, ist, den »Druck« aus der Situation zu nehmen. Wenn die Teilnehmer das Gefühl haben, dass Sie das Spiel nicht unbedingt durchführen müssen, kippt häufig die ablehnende Stimmung und die Neugier überwiegt. Man könnte ja etwas verpassen. Dieses Gefühl kann dann stärker als die Angst oder das Misstrauen werden. Aber dazu müssen die Teilnehmer den Eindruck gewinnen, dass sie wählen können.

Sollten Sie eine Gruppe haben, bei der Sie mit dieser Methode auf völlige Ablehnung stoßen, dann lassen Sie es mit dem Spiel vorerst bewenden. Probieren Sie es einfach nochmal am nächsten Tag mit einem vorsichtigen Angebot. Wahrscheinlich ist die Seminarstimmung dann so locker, dass Sie keine Probleme mehr mit dem Spiel haben werden. Aber manchmal geht es eben nicht. Warten Sie auf die nächste Seminargruppe.

Können Eier fliegen?
Seite 97

... Tipps für Seminarspiele ...

Spiele immer mit Sinn und Themenbezug

Wenn das Spiel einen Bezug zum Thema hat oder in einer Seminarphase sinnvoll eingesetzt wird, ist das die beste Motivation für die Teilnehmer.

Sprechen Sie mit Ihren Teilnehmern. Erklären Sie den Themenbezug. Um so eher sind die Teilnehmer bereit, sich auf das Spiel einzulassen. Gehen Sie nicht davon aus, dass Ihre Teilnehmer den Themenbezug erkennen, sobald Sie den Namen des Spiels genannt haben. Eine kurze Erklärung reicht aus: »Bei der nächsten Übung ist Reaktionsvermögen und Teamarbeit gefordert, außerdem eine Portion vorausschauendes Handeln. Das sind alles Eigenschaften, die Sie auch als Projektleiter benötigen«. Das könnten die einleitenden Worte zum Spiel »Drache-Held-Prinzessin« in einem Projektmanagement-Seminar sein.

Wenn Sie ein Auflockerungs- oder Aktivierungsspiel nach der Pause durchführen wollen, steigern ein paar einleitende Worte die Motivation: »Nach so einem leckeren Mittagessen bewegt sich das Blut meist eher im Magen als im Kopf. Ich habe eine Übung mitgebracht, bei der, so heisst es, linke und rechte Gehirnhälfte aktiviert werden. Sie sind herzlich eingeladen, diese Erfahrung zu teilen.«

Wie viele Spiele pro Seminar sind sinnvoll?

Die Menge macht's? Quantität oder Qualität? Lieber wenige Spiele gezielt einsetzen, als viele Spiele sinnlos verbraten. Fangen Sie mit Ihren Seminarspielen dosiert an. Ich beginne mit dem ersten Seminarspiel meist erst am Nachmittag des ersten Seminartages (von Kennenlernspielen abgesehen). Die Teilnehmer haben dann schon Kontakt aufgenommen und die erste Unsicherheit ist verschwunden. Wie viele Seminarspiele Sie dann im Laufe des Seminars einsetzen, hängt von Ihrem Gefühl ab. Wie viel Lust haben die Teilnehmer? Wie viel Lust haben Sie selbst? Hier gilt, lieber ein Spiel am Tag wirkungsvoll in den Seminarinhalt zu integrieren, als viele zusammenhanglose Aktionen einzuleiten. Aber ich hatte schon Seminargruppen, die so spielfreudig waren, dass mir am dritten Seminartag fast die Seminarspiele ausgingen. Sie können gut sieben oder mehr Spiele am Tag durchführen. Setzen Sie kürzere und längere Spiele im Wechsel ein.

Wie lange dauert ein Spiel?

Das kommt darauf an. Es gibt Spiele, die mehr Zeit in Anspruch nehmen, und solche, die in 5 Minuten gespielt sind. (Siehe dazu auch den Abschnitt A-, B- und C-Spiele auf Seite 9)

Die Frage ist eher: »Wann beende ich ein Spiel?« Verlassen Sie sich auf Ihr Gefühl. Hier gilt die Regel: »Aufhören, wenn es am schönsten ist«. Also, nicht zu warten bis keiner mehr Lust hat, sondern vorher eine gute Gelegenheit abzupassen, um das Spiel abzuschließen.

Was tun, wenn ein Spiel nicht »funktioniert«?

Ein Spiel funktioniert nicht. Was heißt das? Wenn die Teilnehmer nicht das machen, was das Spiel fordert? Nehmen Sie zum Beispiel die Übung »Ball-Bahnen«, bei der die Teilnehmer sich die Bälle in einer bestimmten Bahn zuwerfen sollen. Was machen Sie, wenn die Teilnehmer nicht richtig fangen, mit der Reihenfolge durcheinander kommen und die Bälle vertauschen? Klappt das Spiel dann nicht? Doch, es klappt eben auf diese Weise. Wenn Sie frei sind von der Vorstellung, wie ein Spiel zu funktionieren hat, funktioniert es immer, vorausgesetzt, die Teilnehmer machen auf ihre Art und Weise mit. In der Reflexionsphase stellen Sie einfach die Frage: »Warum, meinen Sie, ist die Übung so gelaufen?«

Kippstuhl
Seite 79

... Tipps für Seminarspiele ...

Seien Sie großzügig

Das Gelingen einiger Spiele ist davon abhängig, dass die Teilnehmer vereinbarte Spielregeln einhalten. Ohne die Einhaltung der Regeln ergibt das Spiel keinen Sinn. Bei der »Raupe« darf z.B. nicht gesprochen werden. Wenn die Teilnehmer sich trotzdem verbal verständigen, verliert das Spiel viel an Reiz und Wirkung. Aber seien Sie nicht zu streng. Was macht es schon, wenn eine Gruppe mal ein Kommando ruft. Weisen Sie einfach auf eine freundliche, lockere Weise auf die Regeln hin. Schließlich ist es ein Spiel.

Auch bei Zeitvorgaben brauchen Sie nicht auf die Sekunde zu achten. Klar, bei einigen Spielen ist der »Zeitdruck« Bestandteil des Spiels. Wenn aber eine Gruppe für eine »Turmbauaktion« noch zwei Minuten für den letzten Schliff benötigt, gönnen Sie dem Team das Erfolgserlebnis.

Spiele haben auch andere Namen

Noch ein Tipp, wie Sie Ihre Teilnehmer zum Spiel motivieren können. Geben Sie dem Spiel einen anderen Namen. Spielen hat in manchen Zusammenhängen den Ruf, nicht ernsthaft genug zu sein. »Wir spielen hier doch nicht!« Lösen Sie das Problem, indem Sie das Spiel »Experiment«, »Versuch« oder »Aufgabe« nennen. Negative Assoziationen werden so vermieden und Neugier geweckt.

Mit der Gruppe kann ich das nicht machen

»Das ist ja alles ganz nett und vernünftig mit den Spielen, aber mit meinen Seminargruppen kann ich das nicht machen«, wird hin und wieder von Seminarleitern geäußert. Warum können Sie das ausgerechnet mit Ihrer Seminargruppe nicht machen? »Das sind Führungskräfte, die machen so was nicht mit«. »Das sind Ältere/Jüngere, die haben von so etwas genug« oder »Das sind Auszubildende, die haben zu sowas keine Lust.« Mein Tipp dazu: Gehen Sie ohne »Vorurteile« in jede Gruppe. In Gruppen, bei denen ich zuerst dachte: »Oha, da wirst du es mit dem Spielvorschlag schwer haben«, bin ich auf begeisterte Spieler gestoßen. Deshalb bin ich dazu übergegangen, bei jeder Gruppe zuerst Spielbegeisterung vorauszusetzen. Und gerade bei Gruppen mit so genannten Führungskräften habe ich meine schönsten Spielerfahrungen gesammelt.

Gruppen, die am ersten Seminartag noch misstrauisch auf mein Spielangebot reagiert haben, haben schon am zweiten Tag nach dem nächsten Spiel gefragt und es am dritten nach jeder Pause gefordert.

Spielbegeisterung teilen

Geben Sie Ihre eigene Spielbegeisterung weiter. Wenn Sie ein Spiel im Seminar einsetzen, dann sollten Sie selbst von dem Spiel überzeugt sein und Spaß daran haben. Wenn Sie selbst das Spiel doof finden und keine Lust dazu haben, kann sich das auf die Teilnehmer übertragen. Tragen Sie den Spielvorschlag und die Spielanregung selbstsicher und motivierend vor. Vermeiden Sie negative Aussagen wie: »Ich habe ein kleines Spiel mitgebracht. Wir müssen das natürlich nicht machen. Wäre nur ein Versuch. Meinen Sie, wir sollten das machen?« Formulierungen wie: »Ich habe Ihnen eine interessante Aufgabe mitgebracht, bei der Sie ein Geheimnis über sich entdecken können. Ich bitte Sie, dazu aufzustehen«, klingen da motivierender.

Spielen Sie selbst mit. Sie haben Vorbildcharakter. Wenn in dem Spiel zum Beispiel alle Beteiligten aufstehen sollen und Sie selbst bleiben sitzen, ist das eher hinderlich für den weiteren Spielverlauf. Stehen Sie selbst zuerst auf und bitten Sie die Teilnehmer mit einer motivierenden Geste, dies auch zu tun.

Turmbau mit Planern und Workern

Seite 101

... Tipps für Seminarspiele ...

Spiele mit Körperkontakt

Spiele mit Körperkontakt benötigen immer eine bestimmte Vertrauensbasis, sind aber für die Stimmung im Seminar ungemein förderlich. Wichtig ist hier, dass der Kontakt im Rahmen des Spiels mit klaren Regeln abläuft und somit »legitimiert« wird. Haben Sie das sichere Gefühl, dass es in einer bestimmten Seminargruppe damit Probleme geben wird, wählen Sie einfach eine andere Übung.

Spiele erklären

Hier gilt: Klar, einfach, verständlich. Wichtig ist, dass alle das Spiel und die Spielregeln verstehen. Das ist manchmal gar nicht so einfach. Setzen Sie nichts voraus. Erklären Sie alles. Wenn Sie ein neues Spiel einsetzen wollen, machen Sie einen Erklärungstest mit einem Bekannten. Erklären Sie Ihm das Spiel unter folgender Voraussetzung: Er darf nicht rückfragen (oder fragend schauen). Nachdem Sie mit Ihrer Erklärung fertig sind, lassen Sie sich das Spiel von ihm erklären. Jetzt erfahren Sie, wo bei Ihrer Erklärung noch Missverständnisse und Unklarheiten liegen.

Unterstützen Sie Ihre Spielerklärungen mit Zeichnungen, Beispielen und indem Sie das Spiel vormachen. Die Spielregeln müssen einfach und klar sein, sonst beschäftigen sich die Teilnehmer mehr mit den Regeln als mit der Übung.

Sicherheit

Safety first. Die in diesem Buch erläuterten Spiele sind alle »ungefährlich«. Aber trotzdem. Bei einigen kann es schon zu Beulen oder Verknacksungen kommen, wenn Sie nicht aufpassen. Gerade bei den Übungen mit verbundenen Augen oder schnellen Platzwechseln. Bitten Sie in kritischen Situation die anderen Teilnehmer um Mithilfe. Führt zum Beispiel eine Teilnehmergruppe eine Aktion mit verbundenen Augen durch, hat die andere Gruppe die Aufgabe aufzupassen, dass sich niemand am Kopf stößt. Also lieber etwas vorsichtiger sein. Sie haben die Verantwortung.

Feedback

In einigen Spielen ist »Feedback geben« Bestandteil der Reflexionsphase. Was habe ich beobachtet und was habe ich bei den Anderen wahrgenommen?

Feedback geben und Feedback bekommen ist eine hochsensible Interaktion.

Vereinbaren Sie mit Ihren Teilnehmern Feedbackregeln. Es gibt die sehr »puristische« Art, Feedback zu geben, die begrenzt ist auf die Rückmeldung der eigenen Wahrnehmung als rein »objektive« Beobachtung. Wobei es keine »objektiven« Beobachtungen gibt, und wenn es sie wider Erwarten doch geben sollte, ist die Auswahl, was ich von den »objektiven« Beobachtungen rückmelde, wiederum 100% subjektiv.

Beispiel für solche »objektiven« Beobachtungen sind: »Ich nehme wahr, dass du einen roten Pullover trägst.« »Ich habe bei dir nach fünf Minuten das erste Mal einen verbalen Beitrag wahrgenommen.« Bei dem roten Pullover werden wahrscheinlich alle noch zustimmend nicken (es sei denn, sie sind farbenblind), aber schon bei der Fünf-Minuten-Rückmeldung können die Wahrnehmungen sehr unterschiedlich ausfallen.

Ich denke, wichtig ist in diesem Zusammenhang, sich immer bewusst zu machen, dass es nicht »die Wahrheit« gibt und dies in der Rückmeldung auch auszudrücken. Das heißt, das Feedback in einer »Ich-Aussage« zu formulieren: »Ich habe beobachtet ...«, »Mir ist aufgefallen ...« und nicht zu sagen »Du hast immer ...«, »Du bist ...«

Wenn Sie das Feedback sehr differenziert geben wollen, unterscheidet man zwischen: »Was nehme ich wahr?« »Wie wirkt das auf mich?« und »Ich interpretiere.« Beispiel: »Ich habe bei unserer Gruppendiskussion von dir nach fünf Minuten das erste Mal einen verbalen Beitrag wahrgenommen«. »Das wirkt auf mich sehr irritierend, denn ich hatte mit einem früheren Beitrag von dir gerechnet«. »Ich interpretiere das so, dass du dich in dem Thema nicht so sicher gefühlt und dich deshalb etwas zurückgehalten hast.«

Vielen fällt eine so differenzierte Rückmeldung schwer, gerade wenn nach einer Übung noch Emotionen im Spiel sind. Und mit Interpretationen sollte man vorsichtig sein. Wichtig ist, den Teilnehmern bewusst zu machen, dass Rückmeldungen immer subjektiv

Schnell-Ball
Seite 75

... Tipps für Seminarspiele

sind. Bitten Sie die Teilnehmer, die Rückmeldung immer in einer »Ich-Aussage« zu formulieren.

Folgende Feedbackregeln haben sich bewährt:

o Feedback ist freiwillig. Sowohl das Geben als auch das Nehmen. Klären Sie vor der Feedbackrunde individuell mit jedem Teilnehmer, ob »Feedback« erwünscht ist. Möchte jemand keine Rückmeldung, bitten Sie die anderen Teilnehmer, dies (ohne Diskussion) zu akzeptieren.
o Feedback ist subjektiv. Rückmeldungen erfolgen als »Ich-Aussage«. Zum Beispiel: »Mir ist aufgefallen ...«, »Auf mich hat das so und so gewirkt ...«.
o Feedback soll möglichst konkret sein (nicht pauschal oder allgemein: »Du bist immer so ...«).
o Feedback soll nicht diskutiert werden. Verschiedene Teilnehmer können zu verschiedenen subjektiven Eindrücken gekommen sein. Diese verschiedenen Eindrücke können sehr wohl nebeneinander stehen bleiben. Bei einer subjektiven Rückmeldung gibt es kein Falsch oder Richtig. Alle Eindrücke sind »wahr«.
o Den »Feedbacknehmer« direkt ansprechen und nicht mit anderen über ihn sprechen.
o Konstruktives Feedback. Zur positiven Verstärkung und als Anerkennung können Dinge rückgemeldet werden, die einem positiv aufgefallen sind. Wenn etwas rückgemeldet wird, was einen irritiert hat, sollten dies Dinge sein, die der Feedbacknehmer auch beeinflussen kann, und die ihm weiterhelfen. Wertschätzende Rückmeldung geben.
o Der Feedbacknehmer hört sich die Rückmeldung an, ohne zu erklären oder sich zu rechtfertigen, auch wenn das manchmal sehr schwer fällt.

Die gesamte Feedbacksituation sollte in einer wertschätzenden und freundlichen Atmosphäre stattfinden. Um so leichter fällt es dem Feedbacknehmer, die Rückmeldungen auch anzunehmen und daraus Erkenntnisse zu gewinnen.

Vorteile von Spielen im Seminareinsatz

Lernen erfolgt nicht nur auf der kognitiven Ebene. Dinge werden leichter behalten, wenn sie mit emotionalen Erlebnissen verknüpft werden. Wir können uns erinnern, weil wir damals so gelacht, uns angestrengt oder geärgert haben. Gerade wenn das Lernziel nicht nur auf Faktenwissen, sondern auch auf Einstellungsveränderungen, Verhaltenskorrekturen und Erfahrungsgewinn ausgerichtet ist, kommt man mit einem reinen »Folienvortrag« als Dozent nicht sehr weit.

Mit einem intensiven Lernspiel werden »echte« Gefühle ausgelöst. Die Teilnehmer freuen sich über den Erfolg, wetteifern um die schnellste Reaktion oder knobeln an einem Rätsel. Klar, die Spielsituation ist nie »genau« die Arbeitssituation. Gerade das ist der Vorteil des Seminarspiels. Sie können sich gezielt einen Faktor des Spiels zur Reflexion herausgreifen, ohne sich in »operativen« Diskussionen zu verstricken. Wenn Sie versuchen, die Arbeits- oder Lebenswelt der Teilnehmer »1:1« abzubilden, wird Ihnen das nicht gelingen. Das Spiel hat gar nicht den Anspruch, die »Wirklichkeit« zu simulieren, es hat im Spielmoment seine eigene Wirklichkeit. Erst in der Reflexionsphase wird die Brücke zur Arbeits- und Lebenswelt außerhalb des Seminars geschlagen. »Welche Phänomene, die wir im Spiel beobachtet haben, kennen Sie aus Ihrer Arbeitsumgebung?« In dieser Phase können die Prozesse, die im Spiel in konzentrierter Form abgelaufen sind, auf die Arbeitswelt übertragen werden. Dadurch haben Sie die Möglichkeit, die Fragestellung zu fokussieren.

Sie sollten es aber auch nicht übertreiben. Ein Spiel bleibt ein Spiel. Und wenn es allen Spaß gemacht hat und einige Teilnehmer mit einem kleinen »Aha-Erlebnis« nach Hause gehen, war es schon ein Erfolg.

Einige Spiele dienen auch »nur« zur Auflockerung. These: Lieber zehn Minuten in eine Auflockerung investiert und dann 30 Minuten konzentriert und wach gearbeitet (und fünf Minuten eher Pause gemacht), als sich mit 15 müden und unkonzentrierten Teilnehmern durch 45 Minuten gequält.

Drache-Held-Prinzessin
Seite 59

Anleiten von Seminarspielen ...

Teilnehmermotivierende Durchführung

Ich schlage Ihnen fünf Schritte zur teilnehmermotivierenden Durchführung eines Spieles vor:
1. Kurz den Hintergrund des Spieles erklären
2. Mit dem Spiel beginnen
3. Detailerläuterungen zum Ablauf des Spieles geben
4. Spiel durchführen
5. Das Spiel reflektieren

Beispiel-Spiel

Spielen wir doch einfach mal ein Spiel, um den Ablauf deutlich zu machen! »Ball-Bahnen« heißt das Spiel, und Sie benötigen dazu zwei oder drei Jonglierbälle.

Eine ausführliche Spielbeschreibung finden Sie auf Seite 61.

Schritt 1

Kurz den Hintergrund des Spiels erklären und neugierig machen. »Ich habe Ihnen hier ein kleines Experiment mitgebracht. Man erzählt, es würde beide Gehirnhälften aktivieren. Natürlich hat es auch mit unserem Seminarthema Kommunikationstraining zu tun.« Der Hintergrund des Spiels ist erläutert.

Schritt 2

Jetzt heißt es, in das Spiel einzusteigen. Die Seminarsitzordnung besteht aus einem offenen Stuhlhalbkreis. »Bitte stehen Sie alle einmal auf und bilden Sie einen Kreis.« Dazu stehen Sie selbst auf, unterstützt durch eine motivierende Handbewegung. Die Teilnehmer werden Ihnen folgen, und schon sind sie mitten im Spiel.

Gehen Sie noch einen Schritt weiter. Sie haben zwei Seminar-Jonglier-bälle dabei. Werfen Sie einen Ball einem Teilnehmer zu, der Ihnen gegenüber steht. Genug. Das reicht schon als Einstieg. Alle sind dabei.

Mit dem Spiel anfangen heißt hier, einen kleinen Schritt in das Spiel machen. Das können ganz »undramatische« Dinge sein, wie zum Beispiel »alle aufstehen«, »einen Stift und ein Blatt Papier nehmen«, »Gruppen bilden« oder »den Nachbarn anschauen«.

Die Erfahrung zeigt, dass die Teilnehmer, wenn sie erst einmal mit der Übung begonnen haben, auch dabei bleiben. Wenn, bevor es losgeht, alles ganz genau erklärt wird, dann wird die »Starthemmschwelle« immer größer. Sind Sie erst einmal mitten im Spiel, können Sie weitere Erklärungen geben. Abspringen tut jetzt keiner mehr.

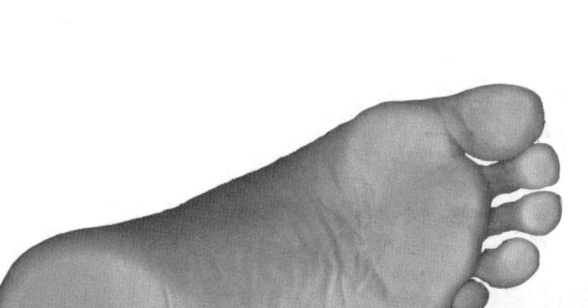
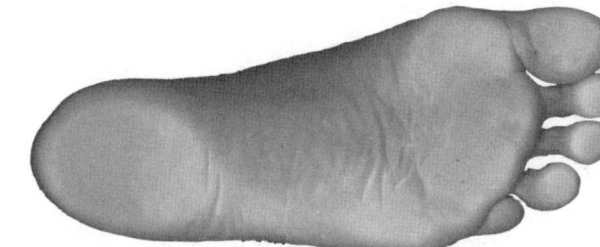

25

Raupe
Seite 73

... Anleiten von Seminarspielen

Manchmal wollen Teilnehmer gerne wissen, was genau auf sie zukommt: »Kannst du nicht vorher erklären, was wir machen müssen?« Bitten Sie in so einem Fall um einen »Vorschuss«. »Ich kann nicht alles vorher erklären, denn dann funktioniert die Übung nicht. Ich bitte einfach um einen kleinen Vorschuss. Wenn jemand zwischendurch aussteigen möchte, kann er das natürlich jederzeit tun. Ist der Vorschlag O.K.?« Kommt jetzt zustimmendes Brummen oder keine Antwort, dann fangen Sie einfach an. Meine Erfahrung ist, dass niemand mehr aussteigt, wenn das Spiel erst einmal begonnen hat.

dabei nicht zu kompliziert sein. »Bitte wirf den Ball an jemand anderen weiter. Jeder sollte den Ball mindestens und höchstens einmal fangen und werfen. Wenn alle den Ball einmal gehabt haben, wirft der Letzte den Ball zurück zu mir.« Es entsteht eine bestimmte Ball-Bahn. Wiederholen Sie dies mit einem zweiten andersfarbigen

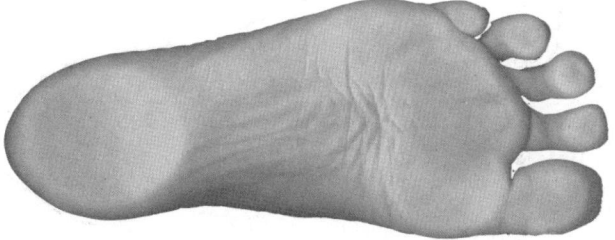

und so ins Spiel gebracht. Die zwei Ball-Bahnen laufen gleichzeitig. Wenn alle Bälle wieder bei Ihnen gelandet sind, ist ein Durchlauf zu Ende. Je nach Gruppe können Sie solange üben, bis die Bahnen laufen, ohne dass ein Ball herunterfällt.

O.K., dass der Andere zum Fangen bereit ist - ich muss darauf vertrauen, dass der Andere mir den Ball nur zuwirft, wenn ich ihn fangen kann - merken, wem ich den Ball zugeworfen habe - ich muss den Ball so werfen, dass er gefangen werden kann - es kommt nicht darauf an, möglichst schnell viele Bälle zu werfen, sondern darauf, dass die Bälle gefangen werden - ...)

»Wo gibt es Parallelen zur (nonverbalen) Kommunikation, Moderation, Präsentation?« Sie können mit den Teilnehmern aus der Spielerfahrung heraus Kommunikationsgrundsätze erarbeiten.

Schritt 3

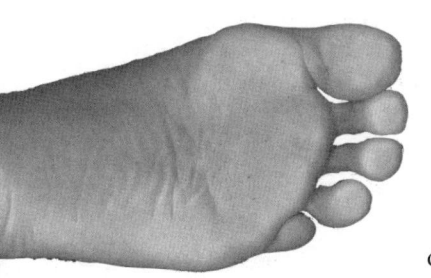

Erläutern Sie genau die weitere Vorgehensweise. Hier ist wichtig, dass alle den Ablauf verstehen. Erklären Sie klar und eindeutig den weiteren Spielverlauf. Die Erklärungen dürfen Ball, allerdings in einer anderen Bahn. So entstehen zwei Ball-Bahnen. Üben Sie eventuell die eine oder die andere Bahn einzeln.

Schritt 4

Jetzt wird es ernst. »Ziel des Spiels ist es, dass kein Ball auf die Erde fällt.« Alle zwei oder drei Bälle werden kurz hintereinander von Ihnen »gestartet«

Schritt 5

Die Reflexionsphase ist sehr wichtig. Hier werden der Bezug zum Seminarthema hergestellt und die Erfahrungen mit dem Spiel ausgewertet. Nach dem obigen Beispiel können Sie gemeinsam nachdenken: »Wann funktioniert das System?« (Konzentration - Blickkontakt zu dem, dem ich den Ball zuwerfen will - nonverbales

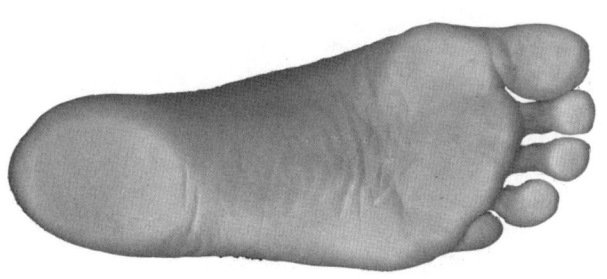

Seminar-Spiele

Kennenlernspiele,
Auflockerungsspiele,
Feedbackspiele und
Interaktionsspiele

Spielanleitungen ...

Gemeinsames Plakat

Organisation

Art des Spiels:
- Kennenlernspiel, welches die Gruppenarbeit fördert und gut mit Seminarinhalten verbunden werden kann.
- Kategorie A-B

Anzahl der Teilnehmer:
Auf 20 Teilnehmer begrenzt, weil die Plakate in der Runde noch für alle erkennbar sein sollten.

Zeitbedarf:
Für die Erstellung des Plakats in der Gruppe 20 bis 30 Minuten. Für die Gruppenpräsentation mit Plakat 2 bis 5 Minuten pro Gruppe plus eventuelle Reflexionszeit.

Material:
- 1 Flipchartbogen für jede Gruppe
- Verschiedenfarbige Stifte für jede Gruppe
- Kreppband zum Aufhängen der Plakate

Ablauf

Für diese Form der Vorstellungsrunde bilden die Teilnehmer zuerst Dreier- oder Vierergruppen. Die Gruppenbildung sollte per Zufall erfolgen, zum Beispiel mit »Findekarten« (Seite 123). Jede Gruppe bekommt einen Flipchartbogen, den sie so aufteilt, dass ein mittleres, gemeinsames Feld entsteht. Um dieses gemeinsame Feld herum bekommt jedes Gruppenmitglied einen eigenen Bereich.

»Jede Dreier- oder Vierergruppe unterhält sich und versucht herauszufinden, welche Gemeinsamkeiten die Teilnehmer haben und welche Eigenschaften und Fähigkeiten in beruflicher und privater Hinsicht jeder Einzelne besitzt, die sonst keiner aus der Gruppe hat. Schreibt und zeichnet euren Namen und die gefundenen Eigenschaften und Fähigkeiten auf euer Gruppenplakat, die Gemeinsamkeiten der Gruppenmitglieder in das mittlere Feld, eure ›Einmaligkeiten‹ in die Außenfelder.«

Regen Sie die Gruppen an, ihre Darstellung durch Symbole und Bilder zu unterstützen. Die Gruppen suchen sich einen Ort, an dem sie sich kennenlernen und das Plakat entwickeln können.

Nach der Gestaltung des Plakates geht jede Gruppe nacheinander nach vorne und pinnt ihr Plakat an. Einer aus der Gruppe präsentiert die Gemeinsamkeiten und jedes Gruppenmitglied stellt sich anhand »seiner« Ecke vor. Die Gruppe kann auch eine andere Art der Präsentation wählen, zum Beispiel, dass sich die Gruppenmitglieder gegenseitig vorstellen.

Wollen Sie, dass die Teilnehmer schon einmal die Gruppenarbeit und/oder das Sprechen vor der Gruppe trainieren, ist dies eine gute Möglichkeit dazu.

Reflexion

Primäres Ziel ist es, dass die Teilnehmer sich gegenseitig kennenlernen und erste Gruppenarbeitserfahrungen machen. Natürlich können Sie die Übung auch auswerten. Zum Beispiel im Präsentationsseminar: »Wie ist die visuelle Darstellung?«, »Wie war der Blickkontakt?« oder bei der Teamarbeit: »Wie war die Gruppenarbeit?«, »Wie haben sie sich vorbereitet und abgesprochen?«, »Wer hat die Gruppe am meisten beeinflusst?«

Einsatz

Gut geeignet zum Einstieg in Präsentations- und Rhetorikseminare oder Themen, bei denen es um Gruppenarbeit geht. Dadurch, dass jeder Teilnehmer eine Ecke auf dem Plakat bekommt, sind alle motiviert, sich zu beteiligen. Es lernen sich gleich mehrere Teilnehmer kennen, die durch die Aufgabenstellung schnell gemeinsame Themen finden. Lockere Kontaktaufname.

Drei Stühle

Organisation

Art des Spiels:
o Kennenlernspiel, welches relativ zügig geht und die wesentlichen Kennenlern-Informationen bündelt.
o Kategorie A-B

Anzahl der Teilnehmer:
Praktisch beliebig. Besser nicht mehr als 20 Teilnehmer, da es sonst zu lange dauert.

Zeitbedarf:
1-2 Minuten pro Teilnehmer plus eventuelle Reflexionszeit

Material:
o 3 zusätzliche Stühle

Ablauf

Stellen Sie drei Stühle nach vorne (ohne Tisch). Jeder Stuhl hat eine andere Bedeutung. »Der erste Stuhl ist der ›Name‹- und ›Was mache ich?‹- Stuhl. Der zweite ist der ›Was hat mich motiviert, hierher zu kommen?‹- Stuhl. Und der dritte ist der ›Superlative‹- Stuhl, das heißt, ›Was unterscheidet mich von allen anderen aus der Gruppe?‹ Hat jemand anderes aus der Gruppe denselben Superlativ, kann er Einspruch erheben, und derjenige muß sich etwas anderes ausdenken«.

Eine gute Ergänzung ist es, wenn jeder im Rahmen der Vorstellung eine typische Handbewegung zu seinem Beruf macht. Falls jemandem keine Einmaligkeit einfällt, können Sie ihm die Gelegenheit geben, zu einem späteren Zeitpunkt noch etwas zu nennen. Da die »Superlativ«-Frage den Teilnehmern erfahrungsgemäß am schwersten fällt, können Sie sie auch durch die »Hobby«-Frage ersetzen. Aber die ungewöhnliche Frage ist eine kleine Herausforderung und bringt häufig interessante Antworten, die auflockern.

Die Teilnehmer dürfen sich der Reihe nach nach vorne setzen, so dass bei der Vorstellungsrunde jeder einmal auf allen drei Stühlen sitzt (im Sitzen fällt es leichter, vor der Gruppe zu sprechen). Die Fragestellungen für die einzelnen Stühle können Sie variieren und dem Seminarinhalt anpassen. »Was möchte ich aus dem Seminar mitnehmen?«, »Wann bin ich das erste Mal auf das Seminar-Thema gestoßen?«

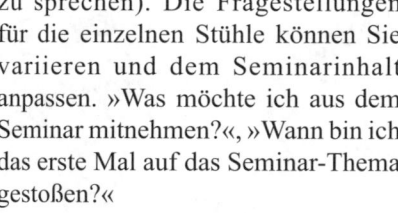

Drei Stühle

Reflexion

Primäres Ziel ist es, dass die Teilnehmer sich gegenseitig kennenlernen und die Anfangsfragen »Was machen die anderen?« und »Was wollen die Anderen hier?« spielerisch geklärt werden. Mögliche Auswertfragen bei Präsentations-/Rhetorikseminaren: »Wie war es, vor der Gruppe zu sprechen?«, »Wie war der Blickkontakt?«, »Lampenfieber?«

Einsatz

In fast allen Seminaren einsetzbar. Diese Form der Vorstellungsrunde geht relativ schnell, wenn Sie anmerken, dass es sich um eine Telegrammrunde handelt. Jeder sollte versuchen, auf jedem Stuhl höchstens einen Satz zu sagen. So werden bei einer größeren Gruppe sehr schnell viele Informationen ausgetauscht. Die »Superlative« bieten Anknüpfungspunkte für ein Pausengespräch.

Auch bei Teilnehmern, die sich schon kennen, lässt sich diese Form der Vorstellungsrunde gut einsetzen.

- mache Skulpturen aus Pappmaché
- fahre einen Porsche
- singe im Chor
- kann 30 Kopfstand
- War mal 5 Jahre bei den Pfadfindern
- kann Spiegelschrift schreiben
- gelernter Koch
- kann Japanisch sprechen
- kann zaubern
- hab schon ein Buch geschrieben
- kann gut Witze erzählen
- gewinne immer bei Doppelkopf
- schon 50 Fallschirmsprünge

Wer-ist-das?

Organisation

Art des Spiels:
o Kennenlernspiel, Einstiegsspiel auch mit Teilnehmern, die sich schon kennen.
o Kategorie A

Anzahl der Teilnehmer:
Praktisch beliebig. Vorschlag: nicht mehr als 20 Teilnehmer, da sonst jeder Einzelne zu wenig aktiv ist

Zeitbedarf:
2-3 Minuten pro Teilnehmer plus eventuelle Reflexionszeit

Material:
o Stift und Karte (Moderationskarte oder Blatt Papier) für alle Teilnehmer

Ablauf

Dieses Kennenlern- oder Einstiegsspiel können Sie gut in Seminargruppen einsetzen, die sich schon kennen oder die »klassischen« Kennenlernrunden schon hinter sich haben.

Bei dieser Übung können die Teilnehmer noch Dinge über sich erfahren, die sie noch nicht kennen. Aber auch in einer Seminargruppe, die das erste Mal zusammenkommt, können Sie diese Übung einsetzen.

»Jeder von euch bekommt gleich eine Karte und einen Stift. Notiert bitte auf der Karte eine Information über euch. Das kann etwas aus eurer Vergangenheit sein, etwas, was ihr mal erlebt, wie ihr mal ausgesehen oder was ihr mal gemacht habt. Aber auch etwas was ihr könnt, habt oder Besonderes wisst. Es sollte etwas sein, was man euch nicht auf den ersten Blick ansieht.« Jeder Teilnehmer schreibt etwas auf seine Karte. Bei Gruppen, die sich schon kennen, erläutern Sie noch, dass es eine Information sein sollte, die neu für alle Teilnehmer ist. Sie selbst können sich auch beteiligen und eine Karte schreiben. Karl schreibt zum Beispiel auf: »5 Jahre bei den Pfadfindern gewesen«, Anne notiert: »Kann Fallschirm springen« und Hannes, der heute im Anzug erschienen ist, notiert: »War mal Punker.«

Nachdem alle Teilnehmer ihre Karten beschrieben haben, sammeln Sie die Karten ein. In einen Hut oder Beutel stecken und gut durchmischen.

Jetzt ziehen Sie die erste Karte und lesen die Information laut vor. Die Teilnehmer geben ihren Tipp ab, wer das denn wohl sein könnte. Der Teilnehmer, von dem die Aussage stammt, tippt einfach auf einen anderen Teilnehmer mit, um sich nicht zu verraten. Wer war wohl bei den Pfadfindern? War es Anne, Frank oder gar Volker?

Nachdem alle Teilnehmer ihren Tipp abgegeben haben, »bekennt« sich der Teilnehmer zu seiner Aussage. Integrieren Sie diese Übung in eine Vorstellungsrunde, so kann sich jetzt jeder Teilnehmer noch kurz vorstellen.

Reflexion

Primäres Ziel ist es, eine Einstiegs- und Vorstellungsrunde in anderer Form zu gestalten. Thematisiert werden kann Fremdwahrnehmung, erster Eindruck oder Einschätzung. »Wie bist du zu deiner Einschätzung gekommen?«, »Wie haben die Einschätzungen der Anderen auf mich gewirkt?« sind mögliche Reflexionsfragen.

Auch die Themen Vorurteile oder Schubladendenken lassen sich nach dieser Übung reflektieren.

Einsatz

Diese Übung können Sie bei Themen einsetzen, bei denen es um Selbst- und Fremdwahrnehmung, Vorurteile oder Menschenkenntnis geht.

Zum Beispiel in einem Verkaufsseminar, wenn es darum geht, dem Kunden vorurteilsfrei zu begegnen, oder in Team- oder Projektseminaren die Mitglieder »richtig« einzuschätzen.

Würfel-Fragen

Organisation

Art des Spiels:
o Kennenlernspiel, Seminareinstieg oder Einstieg in ein neues Thema
o Kategorie A-B

Anzahl der Teilnehmer:
Praktisch beliebig. Vorschlag: nicht mehr als 20 Teilnehmer, da sonst jeder Einzelne zu wenig aktiv ist.

Zeitbedarf:
1-2 Minuten pro Teilnehmer (kommt auch auf die Fragen an) plus eventuelle Reflexionszeit

Material:
o Vorbereitete Fragekarten
o Würfel (am besten großer Schaumstoffwürfel) und eine »Setzfigur« (am besten farbiger Seminar-Jonglierball)
o Eventuell »Feldüberraschungen«

Ablauf

Bereiten Sie DIN A4-Zettel (am besten etwas dickeres Papier/Karton) mit Fragen vor. Sie benötigen etwa 5 bis 10 Fragen mehr, als die Teilnehmerzahl. Die Fragen formulieren Sie möglichst als offene Fragen, das heißt Fragen, die mit den W-Fragewörtern: Welche, Wie viel, Weshalb, Wo, Wie ... beginnen. Die Fragen sollten zum Seminarthema passen/hinführen und keine Wissensfragen sein, sondern Meinungs- oder Erfahrungsfragen. Also nicht »Nennen Sie fünf Hauptstädte Europas«, sondern besser: »Mit welcher Stadt in Europa verbinden Sie ein besonderes Erlebnis?« (eher kurze Antwort), oder »Welches besondere Erlebnis verbinden Sie mit einer europäischen Stadt« (eher längere Antwort). Formulieren Sie auch ungewöhnliche und lustige Fragen. Eine Alternative zu Fragen sind Satzanfänge, die Ihre Teilnehmer vervollständigen können.

Beispielfragen zum Seminarthema Führung: »Wie sieht für Sie der ideale Mitarbeiter aus?«, »Welche Eigenschaften bringt der ideale Vorgesetzte mit?«, »Wenn Sie sich drei Eigenschaften wünschen könnten, welche währen das?«, »Wenn Sie zaubern könnten, was würden Sie in Ihrer Firma verändern?« Wenn Sie jede Frage mit einem » ... und warum?« ergänzen, werden die Antworten länger ausfallen. Jeder Teilnehmer wird seine Antwort noch begründen. Wie Sie die Fragen wählen, hängt von der Teilnehmerzahl und Zeit ab, die Sie für diese Übung einplanen wollen.

Wie läuft das Spiel ab? Legen Sie die Fragekarten mit der Frage nach unten in einem großen Kreis auf den Boden. Die Teilnehmer sitzen in einem Stuhlkreis um den Fragekreis. Eine Karte ist die Startkarte. Ein Teilnehmer beginnt zu würfeln. Jeder Teilnehmer entscheidet selbst, ob er der gewürfelten Augenzahl entsprechend nach links oder rechts wandert. Er landet auf einer Fragenkarte. Diese wird umgedreht, vorgelesen und von dem Teilnehmer möglichst spontan beantwortet. Die Fragekarte wird aufgedeckt in den Kreis zurückgelegt. Jetzt ist der nächste Teilnehmer an der Reihe. Auch er würfelt und kommt auf eine neue Fragekarte.

Die schon beantworteten Fragekarten werden beim Setzen einfach übersprungen.

Wenn Sie diese Übung als Seminareinstieg einsetzen, kann jeder Teilnehmer vor dem Beantworten der Frage noch seinen Namen (Beruf, Aufgabe, Hintergrund ...) nennen.

Schön ist es, wenn Sie auf jede Fragekarte eine kleine Überraschung für die Teilnehmer legen (Schokolade, Blume...).

Reflexion

Primäres Ziel ist es, auf eine lockere Art in ein neues Thema einzusteigen.
»Wie ist es euch mit den Fragen ergangen?«, »Wie habe ich meine/die anderen Fragen erlebt?« sind mögliche Reflexionsfragen.

Einsatz

Diese Übung können Sie für den Einstieg in jedes Seminarthema nutzen. Es bietet eine lockere Art sich kennenzulernen oder mit einem neuen Themenabschnitt zu beginnen.

Stuhl-Fragen-Wechsel

Organisation

Art des Spiels:
o Kennenlernspiel
o Kategorie A

Anzahl der Teilnehmer:
Praktisch beliebig. Vorschlag: nicht mehr als 20 Teilnehmer, da sonst jeder Einzelne zu wenig aktiv ist.

Zeitbedarf:
10-15 Minuten plus eventuelle Reflexionszeit

Material:
o Kein Material
o Sitzordnung: Stuhlkreis ohne Tische

Ablauf

Ein Kennenlernspiel oder Auflockerungsspiel, bei dem die Teilnehmer sich zu bestimmten Fragestellungen austauschen können. Es werden auf eine spielerische Art Informationen gegeben.

Alle Teilnehmer sitzen in einem Stuhlkreis. Jetzt darf jeder Teilnehmer reihum eine Frage stellen, und zwar etwas, was er von den anderen Teilnehmern wissen möchte. Die Fragen müssen so formuliert werden, dass die Teilnehmer mit »trifft zu« oder »trifft nicht zu« antworten können. Alle Teilnehmer, auf die die Frage zutrifft, stehen auf und wechseln den Platz. Zum Beispiel: »Wer kommt aus Berlin?« Alle Berliner wechseln den Platz. »Wer kann Spanisch sprechen?«, »Wer hat ein Haustier?«, »Wer hat schon einmal eine Projektleitung übernommen?« oder »Wer hat mehr als drei Kinder?«

Die Fragen können themenbezogen oder frei gewählt sein.

Wollen Sie etwas Aktion in die Übung bringen, bietet sich folgende Variante an: Der Stuhlkreis hat einen Stuhl weniger als die Teilnehmerzahl. Der Frager steht in der Mitte. In dem Moment, in dem die Teilnehmer den Platz wechseln, auf die die Frage zutrifft, versucht der Frager einen Sitzplatz zu ergattern. Jemand anderes steht dann in der Mitte und ist der neue Frager.

Reflexion

Primäres Ziel ist es, auf eine lockere Art in ein neues Thema einzusteigen, Anfangsfragen zu klären, Gemeinsamkeiten festzustellen und sich kennenzulernen.

»Wie ist es euch mit den Fragen ergangen?«, »Wie habe ich meine/die anderen Fragen erlebt?«, »Welche Gemeinsamkeiten haben wir?« sind mögliche Reflexionsfragen.

Einsatz

Diese Möglichkeit der Kennenlernrunde ist zu jedem Seminarthema möglich.

Achtung Nachbar

Organisation

Art des Spiels:
o Namensspiel
o Kategorie A

Anzahl der Teilnehmer:
Praktisch beliebig. Vorschlag: nicht mehr als 20 Teilnehmer

Zeitbedarf:
5-10 Minuten plus eventuelle Reflexionszeit

Material:
Kein Material

Ablauf

Alle Teilnehmer stellen sich in einen Kreis. Rechts neben sich lassen Sie eine Lücke.

»Neben mir ist eine Lücke. Die möchte ich gerne füllen. Hierzu rufe ich jemand aus der Gruppe zu mir. Der linke Nachbar des Gerufenen hat die Möglichkeit, denjenigen festzuhalten - ohne ihm den Arm zu brechen. Reagiert er nicht schnell genug, entsteht neben ihm eine neue Lücke, die er wiederum durch Herbeirufen eines anderen Gruppenmitgliedes füllen kann. Schafft es der Teilnehmer, seinen Nachbarn festzuhalten, rufen Sie einfach einen anderen Teilnehmer zu sich, bis Sie einen neuen Nachbarn haben.

Reflexion

Primäres Ziel ist es, dass die Teilnehmer spielerisch die Namen lernen. Man hat nämlich nicht immer denselben, sondern wechselnde Nachbarn. Mögliche Auswertung: »Welche Strategie habe ich verfolgt?« (Auf das Laufen oder Halten konzentriert? Oder mir einfach ein paar Namen aus der Runde gemerkt und mir einen neuen Nachbarn gerufen, wenn mein voriger »weggelaufen« ist?), »Wie habe ich mich alleine gefühlt?«, »Habe ich versucht, bestehende Zustände ›festzuhalten‹, oder hat mir der Nachbarwechsel gefallen?«

Einsatz

Als Auflockerung mit Aktivierung gedacht. Dabei werden spielerisch die Namen der anderen Teilnehmer gelernt. Durch den im Rahmen des Spiels akzeptierten Körperkontakt entsteht eine entspannte Gruppenatmosphäre, die dem weiteren Seminarverlauf förderlich ist.

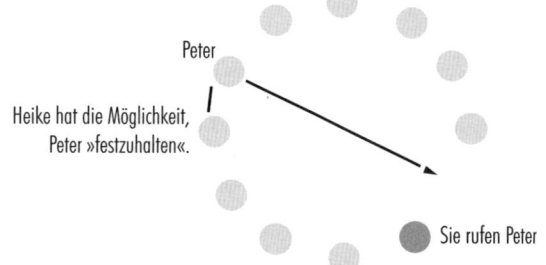

Peter

Heike hat die Möglichkeit, Peter »festzuhalten«.

Sie rufen Peter

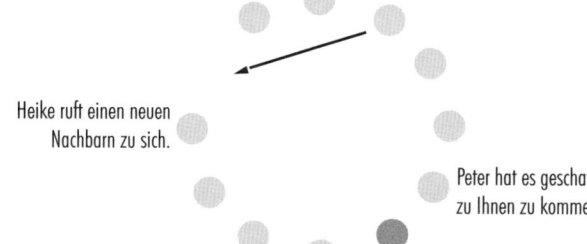

Heike ruft einen neuen Nachbarn zu sich.

Peter hat es geschafft, zu Ihnen zu kommen.

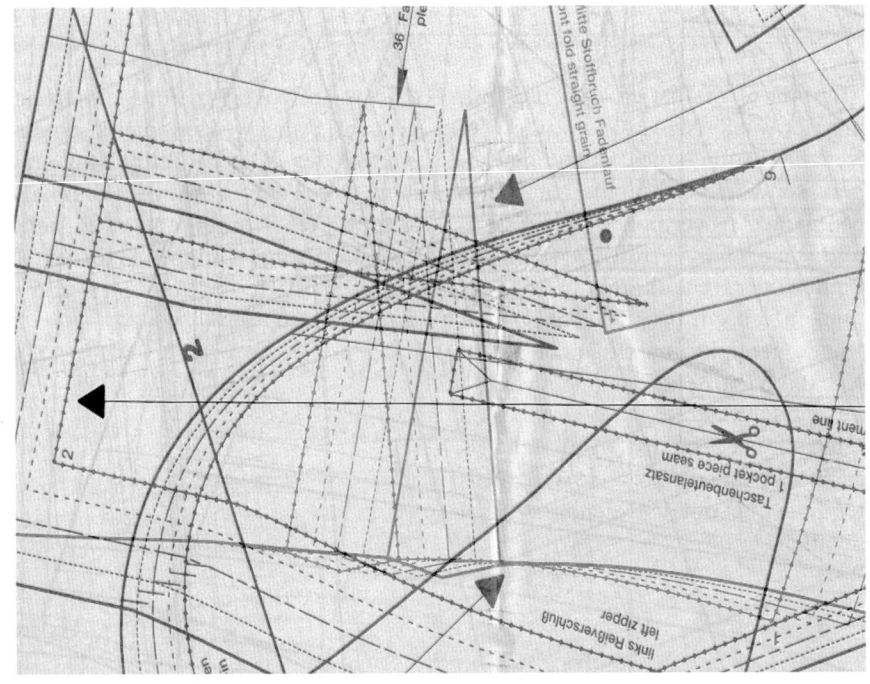

Überkreuz-Namen

Organisation

Art des Spiels:
- Namensspiel mit interessanten »Tücken«
- Kategorie A

Anzahl der Teilnehmer:
Praktisch beliebig. Vorschlag: Nicht mehr als 20 Teilnehmer. Das Spiel ist möglich, wenn Sie eine gerade Anzahl von Teilnehmern haben (mit Ihnen selbst ergibt sich eine ungerade Anzahl von Mitspielern).

Zeitbedarf:
5-10 Minuten plus eventuelle Reflexionszeit

Material:
Kein Material

Ablauf

Die Teilnehmer stellen sich in einen Kreis. Immer zwei Teilnehmer, die nebeneinander stehen, bilden ein Zweierteam. Dieses Zweierteam tauscht die Namen. Sie selbst haben keinen Nachbarn. Neben Ihnen ist eine Lücke im Kreis.

»Neben mir ist eine Lücke. Die möchte ich gerne füllen. Hierzu rufe ich einen aus der Gruppe zu mir. Passt dabei auf, dass ihr eure Namen getauscht habt. Wenn ich also Sabine rufe, dann kommt nicht die richtige Sabine, sondern Klaus, der mit Sabine den Namen getauscht hat. Der Nachbar von dem Gerufenen hat die Möglichkeit, ihn festzuhalten. Reagiert er nicht schnell genug, entsteht neben ihm eine neue Lücke, die er wiederum durch Herbeirufen eines anderen Gruppenmitgliedes füllen kann.«

Hat es Klaus (den Sie mit »Sabine« gerufen haben) geschafft, zu Ihnen zu kommen, erhält er seinen »richtigen« Namen zurück und Sie tauschen mit Klaus den Namen. Sie reagieren jetzt auf den Ruf »Klaus« und Klaus wiederum auf Ihren Namen.

Durch das »Überkreuzdenken« entsteht meist unterhaltsame Verwirrung, wenn entweder beide loslaufen oder sich beide festhalten.

Reflexion

Primäres Ziel ist es, dass die Teilnehmer spielerisch die Namen lernen. Man hat nicht immer denselben, sondern wechselnde Nachbarn. Mögliche Auswertung: »Welche Strategie habe ich verfolgt?« (auf das Laufen oder Halten konzentriert? Oder mir einfach ein paar Namen aus der Runde gemerkt und mir einen neuen Nachbarn gerufen, wenn mein voriger »weggelaufen« ist?), »Wie habe ich mich alleine gefühlt?«, »Habe ich versucht, bestehende Zustände ›festzuhalten‹ oder hat mir der Nachbarwechsel gefallen?«

Einsatz

Als Auflockerung mit Aktivierung. Durch die »Überkreuznamen« werden linke und rechte Gehirnhälfte angeregt. Dabei werden spielerisch die Namen der anderen Teilnehmer gelernt. Durch den im Rahmen des Spiels akzeptierten Körperkontakt entsteht eine entspannte Gruppenatmosphäre, die dem weiteren Seminarverlauf förderlich ist.

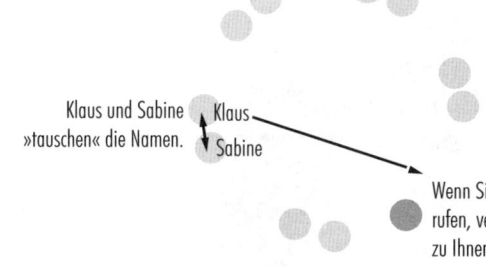

Klaus und Sabine »tauschen« die Namen.

Wenn Sie »Sabine« rufen, versucht Klaus, zu Ihnen zu kommen.

Sabine ruft einen neuen Nachbarn zu sich.

Klaus hat es geschafft, zu Ihnen zu kommen. Jetzt tauschen Sie mit Klaus den Namen.

Namensspiel mit Bällen

Organisation

Art des Spiels:
o Auflockerndes Namensspiel
o Kategorie A

Anzahl der Teilnehmer:
Praktisch beliebig. Vorschlag: Nicht mehr als 20 Teilnehmer, da sonst jeder Einzelne zu wenig aktiv ist und es mit den Namen merken zu anstrengend wird.

Zeitbedarf:
10-15 Minuten plus eventuelle Reflexionszeit

Material:
o Ein bis zwei Seminar-Jonglierbälle

Ablauf

Alle Teilnehmer stehen im Kreis. Ziel ist es, sich auf spielerische Weise die Namen zu merken.

Jasmin beginnt. Sie wirft den Ball Tobias zu und sagt: »Ich bin Jasmin, und wer bist du?« Jetzt wirft Tobias den Ball weiter und ruft: »Ich bin Tobias, und wer bist du?« So läuft die Übung weiter.

Wenn die Namen einigermaßen sitzen, geht es in die nächste Runde. Der Ball wird weitergegeben mit der Ansage: »Du heißt Harald, wie heiße ich?«

So werden die Namen spielerisch gelernt.

Reflexion

Primäres Ziel ist es, die Namen mit einer lockeren Methode zu lernen.

Ist es ein Seminar zum Thema Lernen, können Sie die Lernmethode reflektieren: »Was hat dir das Namenlernen erleichtert/erschwert?«, »Wie verbindest du Lernen und Bewegung?«

Einsatz

Wenn Sie das Spiel zum Namenlernen einsetzen, passt es in jedes Seminar.

Das Thema Lernen bietet sich an für ein Train the Trainer-Seminar oder einen Lernmethoden-Workshop.

In einem Verkaufstrainingsseminar können Sie nach dieser Übung das Thema »Ansprache des Kunden mit Namen« thematisieren.

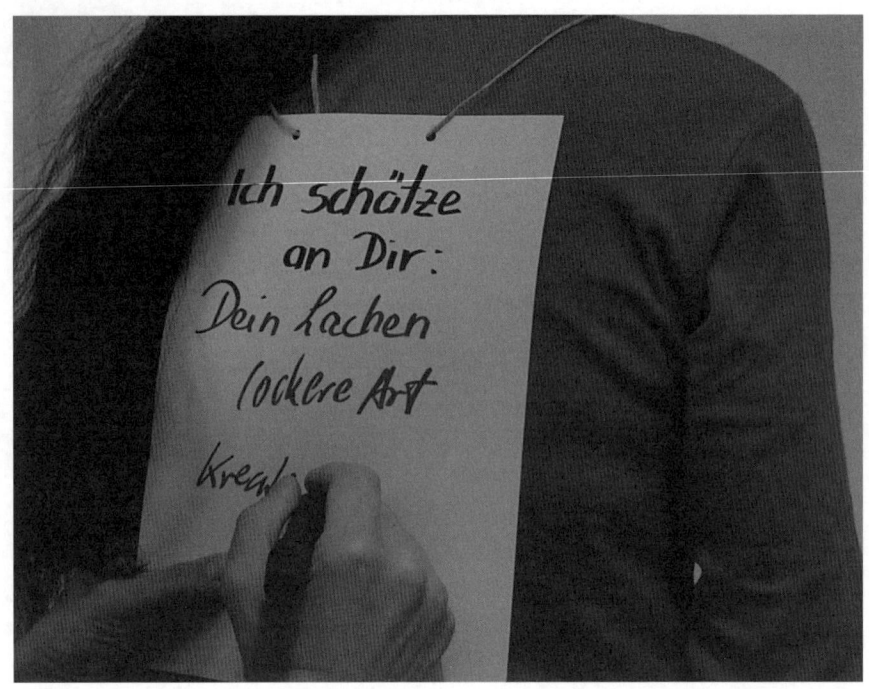

Rücken-Meldung

Organisation

Art des Spiels:
o Feedbackmöglichkeit zur Selbst- und Fremdwahrnehmnung
o Kategorie A-B

Anzahl der Teilnehmer:
Praktisch beliebig. Vorschlag: nicht mehr als 20 Teilnehmer, da sonst jeder Einzelne zu wenig aktiv ist.

Zeitbedarf:
10-20 Minuten plus eventuelle Reflexionszeit

Material:
o 1 DIN A4-Blatt/Karton pro Teilnehmer. Papier mit zwei Löchern am oberen Rand, um die Schnur hindurchzuziehen.
o Dünne Schnur, ca. 50 cm pro Teilnehmer
o Etwas dickeren Filzstift für jeden Teilnehmer
o Schere, um Schnur abzuschneiden

Ablauf

Eine sehr schöne Übung, um ein Seminar oder einen Seminarabschnitt abzuschließen. Ziel ist es, dass sich die Teilnehmer gegenseitig eine Rückmeldung geben. In diesem Fall eine »Rücken-Meldung«. Natürlich sollten Sie sich selbst auch an der Übung beteiligen.

Geben Sie jedem Teilnehmer einen Bogen DIN-A4 Karton, an dessen oberer Seite zwei Löcher sind. Einfach mit einem Locher hineinlochen. Weiterhin erhalten alle ein Stück Schnur (ca. 50 cm) und einen Stift. Oben auf den Bogen schreibt jeder Teilnehmer den Satzanfang: »Ich schätze an dir ...« Jetzt muss nur noch der Bogen mit der Schnur verbunden werden. Die Enden der Schnur werden durch die Löcher gefädelt und zusammengebunden, so dass der Bogen an einer Schnurschlaufe hängt. Jeder Teilnehmer hängt seinen Bogen um den Hals und zwar so, dass der Bogen auf dem Rücken der Teilnehmer hängt. »Bitte steht alle auf und spaziert ein wenig im Raum herum. Versucht bei allen eine Rückmeldung auf den Rückenzettel zu schreiben.« Bei einer kleineren Gruppe können Sie anregen, dass möglichst jeder jedem ein Feedback geben soll. Bei einer größeren Gruppe lassen Sie jeden entscheiden, wem er etwas auf den Zettel schreiben möchte. Es geht darum, den Anderen etwas Positives rückzumelden.

Nach einiger Zeit beenden Sie den Feedbackspaziergang, und jeder liest die Rückmeldungen auf seinem Bogen.

 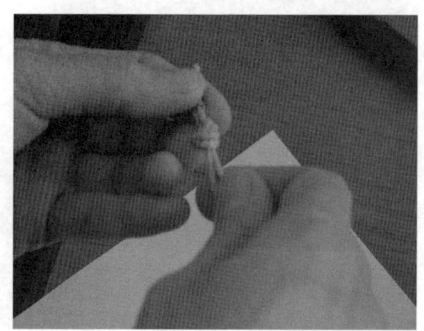

Reflexion

Häufig sind die Teilnehmer sehr über die Anmerkungen ihrer Seminarkollegen überrascht, besonders darüber, was positiv aufgefallen ist.

Dies ist eine sehr schöne Übung, um das Thema Selbst- und Fremdwahrnehmung zu diskutieren: »Über welche Rückmeldungen bist du überrascht?«, »Wo siehst du dich ganz anders/genauso/ähnlich?«

Einsatz

Diese Möglichkeit der Feedbackrunde ist zu jedem Seminarthema möglich.

Besonders geeignet bei Themen, in denen es um Feedback, Selbst- und Fremdwahrnehmung geht.

Nachrichten-Feedback

Organisation

Art des Spiels:
- Aktivierende und auflockernde Feedbackmöglichkeit mit Gruppendynamik
- Kategorie B

Anzahl der Teilnehmer:
Praktisch beliebig. Vorschlag: nicht mehr als 20 Teilnehmer, da sonst jeder Einzelne zu wenig aktiv ist

Zeitbedarf:
30-50 Minuten plus eventuelle Reflexionszeit

Material:
- Verschiedenste Visualisierungsmöglichkeiten: Plakate, Flipchartpapier, Schere, Kleber, Stifte usw.
- Sonstige Utensilien: Bälle, Ballons, Tücher usw.

Ablauf

Das Ende des Seminars naht. Jetzt bietet sich die Möglichkeit, die wichtigsten Punkte zusammenzufassen und Bilanz zu ziehen. Was nehme ich mit? Was möchte ich umsetzen? Was hat mir gefallen? Was habe ich noch in Erinnerung? Was war mir wichtig?

Diese Fragen sollen die Teilnehmer in einer besonderen Form aufbereiten. Und zwar in der Form einer Nachrichtensendung. Bilden Sie dazu Redaktionsteams mit 5-8 Teilnehmern.

»In 25 Minuten gehen wir auf Sendung. Bereiten Sie eine Nachrichtensendung vor, in der die für Sie wichtigsten Punkte des Seminars enthalten sind. Entweder direkt, auch als Bild oder Metapher. In dieser Sendung kann alles vorkommen, was sonst auch in den Nachrichten passiert. Kommentare, Meldungen, das Wetter, Interviews, Außenschaltungen usw.«.

Nach der Redaktionszeit von 25-30 Minuten werden die Ergebnisse im Plenum präsentiert. Schön ist es, wenn Sie anregende Utensilien zur Visualisierung für die Teilnehmer zur Verfügung stellen.

Reflexion

Die Nachrichtensendung ist eigentlich schon die Reflexion.

Ergänzend können Sie anschliessend noch über die Präsentationen der Teilnehmer diskutieren. Welche Eindrücke haben sich überschnitten/waren unterschiedlich? Wie haben sie die Vorbereitung/den Austausch in der Gruppe erlebt?

Einsatz

Mit dieser Übung haben Sie eine sehr aktivierende und unterhaltsame Möglichkeit, die »Seminarernte« einzuholen. Die Teilnehmer haben die Möglichkeit, in einer etwas anderen Form alles anzusprechen: Was ihnen gefallen oder nicht gefallen hat, welche inhaltlichen Punkte ihnen wichtig waren oder wie sie die Stimmung im Seminar erlebt haben.

Einsatzmöglichkeiten bei allen Seminarthemen. Eignet sich gut bei etwas längeren Seminaren, bei denen die Teilnehmer einige Tage zusammenarbeiten und sich gut kennen.

Feedback mit Mikro

Organisation

Art des Spiels:
o Einfache Feedbackmöglichkeit
o Kategorie A

Anzahl der Teilnehmer:
Praktisch beliebig. Vorschlag: nicht mehr als 20 Teilnehmer, da sonst jeder Einzelne zu wenig aktiv ist.

Zeitbedarf:
1 Minute pro Teilnehmer

Material:
o 1 Seminar-Jonglier-Ball

Ablauf

Dieses Spiel ist eine Möglichkeit, auf aktivierende Weise eine Feedbackrunde zu gestalten. Am Ende eines Seminartages wollen Sie eventuell eine Feedbackrunde mit Ihren Teilnehmern durchführen. Bitten Sie alle Teilnehmer, sich in einen Kreis zu stellen. Formulieren Sie die Fragen für die Feedbackrunde. Zum Beispiel: »Was nimmst du aus dem heutigen Tag mit?«, »Was möchtest du gerne umsetzen?«, »Was war für dich heute neu/bekannt?«, »Was hat dir heute gefallen/nicht gefallen?«

Leiten Sie die Runde ein: »Ich lade euch zu einer Feedbackrunde ein. Wer möchte, kann sich daran beteiligen. Hierzu habe ich das wandernde Mikrophon mitgebracht, in das ihr hineinsprechen könnt. Wer möchte etwas sagen?« Jetzt zeigen Sie den Seminar-Ball und werfen ihn dem Seminarteilnehmer zu, der signalisiert, dass er sich an der Runde beteiligen möchte.

So ist die Teilnahme freiwillig, und es ist eine lockere Reihenfolge möglich.

Reflexion

Primäres Ziel ist es, eine Feedbackrunde ohne starre Reihenfolge zu gestalten.

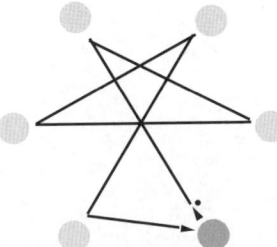

Der Feedback-Ball läuft in beliebiger Reihenfolge

Einsatz

Diese Möglichkeit der Feedbackrunde ist zu jedem Seminarthema möglich.

Blitzlicht mit Jonglier-Teller

Organisation

Art des Spiels:
o Feedbackmöglichkeit mit besonderem Blitzlicht
o Kategorie A

Anzahl der Teilnehmer:
Praktisch beliebig. Vorschlag: Nicht mehr als 20 Teilnehmer, da sonst jeder Einzelne zu wenig aktiv ist.

Zeitbedarf:
10-20 Minuten

Material:
o 1 Seminar-Jonglier-Teller

Ablauf

Unter »Seminar-Blitzlicht« versteht man eine Methode, bei der alle Teilnehmer eines Seminars unter einer bestimmten Fragestellung kurz etwas sagen können. Häufig werden »Blitzlichter« am Ende eines Seminartages eingesetzt, um die Stimmung abzufragen. »Wie geht es dir jetzt, am Ende dieses Seminartages?« Natürlich können auch andere Fragen gestellt werden, z.B.: »Was nimmst du heute mit?« oder »Was hat dir heute besonders gut gefallen?«

Kennzeichen eines Blitzlichtes: Jeder bekommt die Möglichkeit, auf eine bestimmte Fragestellung zu antworten. Die Antwort sollte kurz sein (deshalb heißt es Blitzlicht). Eventuell nur ein Satz.

Meist ist das Blitzlicht so organisiert, dass die Teilnehmer in einem Kreis sitzen oder stehen und jeder, der möchte, kurz auf die Frage antwortet.

Wenn Sie in Ihrer Seminarpraxis auch mit dem Feedback-Element »Blitzlicht« arbeiten, können Sie den Seminar-Jonglier-Teller als auflockerndes und unterstützendes Element einsetzen.

Alle Teilnehmer sitzen im Kreis. Stellen Sie die »Blitzlicht-Frage« und erläutern Sie die Vorgehensweise: »Ich möchte am Ende des heutigen Seminartages gerne von euch wissen, wie es euch jetzt geht. Bitte antwortet mit einer kurzen Stimmungsaufnahme, möglichst in einem Satz. Damit das Blitzlicht wirklich kurz wird, habe ich eine kleine Unterstützung mitgebracht.«

Jetzt setzen Sie den Seminar-Jonglier-Teller ein. Bringen Sie den Teller in Schwung und halten den Stab dann ruhig in der Mitte, damit der Teller sich gut dreht.

»Ich werde jetzt den Jonglier-Teller nach links an euch weitergeben, jeder, der den Stab in der Hand hat, antwortet kurz auf die Blitzlicht-Frage und reicht den Stab mit dem sich drehenden Teller nach links weiter. Mal sehen, ob der Schwung reicht, damit der Teller drehend die Runde schafft und wieder bei mir landet. Ihr braucht den Stab einfach nur ruhig zu halten und weiterzugeben. Wer nicht auf die Blitzlicht-Frage antworten möchte, gibt den Stab einfach so weiter«. So haben Sie eine schöne Möglichkeit geschaffen, die die Teilnehmer unterstützt, die Blitzlicht-Antwort wirklich kurz zu halten.

Einsatz

Diese Variante der Blitzlichtrunde ist zu jedem Seminarthema möglich.

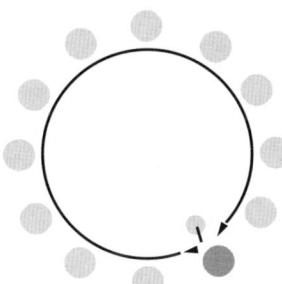

Guten Morgen auf anderen Wegen

Organisation

Art des Spiels:
o Begrüßung und Tageseinstieg
o Kategorie A

Anzahl der Teilnehmer:
Praktisch beliebig. Sehr schöne Aktion, die sich auch mit einer sehr großen Zahl von Teilnehmern durchführen lässt.

Zeitbedarf:
5-10 Minuten plus eventuelle Reflexionszeit

Material:
o Eventuell Musik (CD, Kassette)

Ablauf

Dieses Spiel eignet sich gut zur Begrüßung am zweiten oder dritten Seminartag. Wenn alle angekommen sind, bitten Sie die Teilnehmer die Stühle etwas zurückzustellen. Sie brauchen einen freien Platz.

»Meist begrüßt man sich mit einem mehr oder weniger freundlichen ›Morgen‹. Wir begrüßen uns heute in einer neuen Form. Bitte geht zuerst locker durch den Raum, ohne die anderen anzuschauen.«

Dabei ist es schön, wenn Sie Musik abspielen, die sich vom Takt her zum Gehen eignet. Nach einem kurzen Moment geben Sie die ersten Begrüßungsanregungen.

»Blickt jetzt hoch und bemerkt, dass noch andere im Raum sind. Wenn sich eure Blicke kreuzen, nickt dem anderen zu.« Nach einer »Blickbegrüßungsphase« gibt es eine neue Anregung: »Jetzt begrüßt euren Entgegenkommenden mit dem linken Ellenbogen.« Weitere Begrüßungsvarianten sind: Mit dem linken großen Zeh, mit dem rechten Knie, mit beiden Knien usw. Führen Sie vier bis sieben Varianten durch. Es besteht die Möglichkeit, sich zusätzlich mit Namen zu begrüßen.

Reflexion

Primäres Ziel ist ein gemeinsamer Start in den Seminartag. Alle werden begrüßt. Mögliche Auswertung: »Wie gehe ich mit Ritualen um?«, »Wie reagiere ich auf Veränderung, etwas Neues, Ungewohntes?«, »Mit welcher Einstellung/Stimmung begrüße ich sonst die Kollegen?«

Einsatz

Begrüßung am Beginn des zweiten oder dritten Seminartages, wenn sich die Teilnehmer schon kennengelernt haben. Zu jedem Seminarthema einsetzbar.

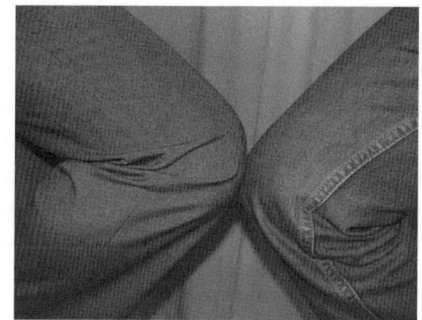

Steinbock-Adler-Murmeltier

Organisation

Art des Spiels:
o Auflockerungsspiel mit »Hirnaktivierung«
o Kategorie A

Anzahl der Teilnehmer:
Praktisch beliebig. Vorschlag: Nicht mehr als 20 Teilnehmer, da sonst jeder Einzelne zu wenig aktiv ist.

Zeitbedarf:
5-10 Minuten plus eventuelle Reflexionszeit

Material:
o Kein Material

Ablauf

Die Teilnehmer stellen sich in einen Kreis. Sie stehen in der Mitte. »Es gibt drei Figuren, die jeweils von drei Personen dargestellt werden. Steinbock, Adler, Murmeltier. Ich weise gleich auf einen von euch. Er ist die Mittelperson der Figur. Sein linker und rechter Nachbar ergänzen die Darstellung.« Das Beste ist, Sie zeigen selbst kurz, wie die Figuren dargestellt werden.

Steinbock: Mittelperson = scharrt mit dem Fuß. - Linker Mitspieler = linker Arm angewinkelt nach oben (das Horn). - Rechter Mitspieler = rechter Arm angewinkelt nach oben (das andere Horn).

Adler: Mitte = mit beiden Händen den Schnabel darstellen und einen »Adlerschrei« dazu. - Linker und Rechter Mitspieler = stellen jeweils mit ihren Außenarmen die Schwingen des Adlers dar und machen leichte Flügelschlagbewegungen.

Murmeltier: Mitte = Hände in »Murmeltierhaltung«, das heißt die Hände wie zwei Pfötchen vor die Brust halten. - Linker Mitspieler = schaut das Murmeltier, hält die Hand über die Augen und hält Ausschau. - Rechter Mitspieler = legt die Hand hinter das Ohr und horcht.

Nachdem Sie die Figuren erklärt haben, machen Sie einen kurzen Probelauf mit allen Figuren, und dann wird es ernst. Wenn Sie jetzt auf einen Teilnehmer zeigen und eine Figur dazu nennen, müssen immer drei Teilnehmer die Figur darstellen. Macht jemand einen Fehler oder reagiert zu langsam, muss/darf er in die Mitte und die Figuren und Mitspieler bestimmen. Derjenige, der vorher in der Mitte gestanden hat, nimmt den frei gewordenen Platz im Kreis ein. Der »Wünscher« in der Mitte bestimmt die »Fehler«, d.h. wann das Figurenteam zu langsam reagiert hat, oder wer in die Mitte darf, wenn zwei Personen einen Fehler gemacht haben.

Hat die Gruppe Spaß an dem Spiel und ist sehr gut in der Reaktion, können Sie noch andere Figuren dazunehmen. Hier ein paar Anregungen:

Elefant: Mitte = Rüssel darstellen, dazu Arme über kreuz, eine Hand an die Nase fassen, anderen Arm nach unten fallen lassen. - Links und rechts = stellen jeweils mit ihren Außenarmen die Ohren dar.

Toaster: links und rechts = drücken den Mittleren an der linken und rechten Schulter leicht nach unten, wenn er in der Hocke ist, loslassen. - Mitte = ist der Toast, der nach dem Runterdrücken wieder hochspringt.

Mixer: Mitte = hält links und rechts seine Hand über die Köpfe seiner Mitspieler. Links und rechts = drehen sich.

Reflexion

Mögliche Auswertung: »Wie ging es mir in der Mitte?«, »War es eher unangenehm oder vielleicht sogar sehr angenehm in der Mitte? Die anderen mussten sich konzentrieren, ich konnte ›bestimmen‹«, »Wie und warum versuchen wir, Fehler zu vermeiden?«, »Wie fühlen wir uns, wenn wir einen Fehler gemacht haben?«, »Was sind und was empfinden wir als Fehler?«

Einsatz

Außer zum Aktivieren der Gehirnhälften können Sie das Spiel zum Einstieg in ein Thema mit Körpersprache einsetzen. Nach dem Motto: »Wer das mitgemacht hat, hat auch keine Probleme, die Gestik vor einer Gruppe einzusetzen.« Oder als Auftakt zu einem Rollenspiel, bei dem verschiedene Rollen eingenommen werden sollen wie im Spiel. Oder bei Themen, wo es um Fehlermachen und Qualität geht.

  DRACHE

  HELD

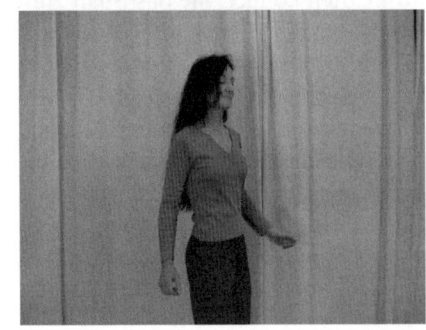  PRINZESSIN

Drache-Held-Prinzessin

Organisation

Art des Spiels:
o Auflockerung mit strategischem Denken
o Kategorie A

Anzahl der Teilnehmer:
Praktisch beliebig. Vorschlag: Nicht mehr als 20 Teilnehmer, da sonst jeder Einzelne zu wenig aktiv ist.

Zeitbedarf:
5-10 Minuten plus eventuelle Reflexionszeit

Material:
o Kein Material

Ablauf

Dieses Spiel ist so ähnlich aufgebaut wie das bekanntere Spiel »Stein-Schere-Papier«, nur dass es die drei Figuren Drache, Held und Prinzessin gibt, und diese »ganzkörpermäßig« und stimmlich dargestellt werden.

Sie brauchen Platz im Seminarraum. Zwei etwa gleich große Gruppen, A und B, spielen miteinander und stellen sich in je einer geraden Reihe gegenüber auf, so dass sich die beiden Gruppen anschauen und ein bis zwei Meter Raum zwischen ihnen ist.

Wenn Sie die Darstellung der Figuren erklären, machen Sie sie am besten kurz vor.

Drache: Beide Hände ausgestreckt wie ein Maul öffnen und dabei laut fauchen.

Held: Der Held hat ein (imaginäres) Schwert, welches er zieht und mit dem er zusticht und dabei »Aaaaah« ruft.

Prinzessin: Die Prinzessin schaut verschämt, fasst sich links und rechts an ihr Röckchen und tanzt mit leichten Bewegungen hin und her, von einem Bein auf das andere: »Ta ta tata ta«.

Die Figuren können in unterschiedlicher Kombination aufeinandertreffen. Dabei gewinnt immer eine Figur. Wenn der Drache auf die Prinzessin trifft, wird diese gefressen (Drache gewinnt) - Held erlegt Drache - und Kombination Prinzessin/Held: Prinzessin betört Held (Prinzessin gewinnt).

Zum Spielen einigt sich jede Gruppe auf eine gemeinsame Figur. Dazu erfolgt eine kurze Absprache im Team, ohne dass die andere Gruppe davon etwas mitbekommt. Nach der Einigung erfolgt die Aufstellung in den Reihen gegenüber. Jetzt sagen sie »Eins, zwei, drei und los«. Bei »los« zeigen alle gleichzeitig aus der Gruppe die vorher vereinbarte Figur. Aus Gruppe A stellen zum Beispiel alle den Helden dar und Gruppe B hat sich auf den Drachen geeinigt. Gruppe A gewinnt.

Vor jeder Runde kann sich die Gruppe beraten und auf eine neue Figur einigen. Spielen Sie drei oder fünf Runden. Stellen beide Gruppen dieselbe Figur dar, bekommen beide einen Punkt.

Reflexion

Primäres Ziel ist eine Auffrischung und Auflockerung. Mögliche Auswertungsfragen: »Wie ist die Entscheidung in der Gruppe zustande gekommen?«, »Hat jemand dominiert?«, »Welche Taktik wurde verfolgt?«, »Wie war das Gefühl als Gewinner/Verlierer?«, »Welche Strategie haben Sie verfolgt?«, »War das Verhalten der anderen Gruppe/ Konkurrenz vorhersehbar?«

Einsatz

Das Spiel eignet sich gut zum Auflockern in einer müden Phase oder nach der Pause und für Seminare, bei denen es um Teamarbeit oder auch Konkurrenz geht. Auch beim Thema strategisches Denken kann dieses Spiel Anregungen liefern.

BALL-BAHNEN

ORGANISATION

ART DES SPIELS:
o Lernspiel mit »Hintergrund«
o Kategorie B

ANZAHL DER TEILNEHMER:
Praktisch beliebig. Vorschlag: Nicht mehr als 20 Teilnehmer, da es sonst zu lange dauert.

ZEITBEDARF:
5-10 Minuten plus eventuelle Reflexionszeit

MATERIAL:
o 2-3 Jonglierbälle

ABLAUF

Alle Teilnehmer stellen sich in einen Kreis. Sie beginnen einen Ball einem Teilnehmer zuzuwerfen. »Bitte wirf den grünen Ball an jemand anderen weiter. Jeder sollte den Ball mindestens und höchstens einmal fangen und werfen. Wenn alle den Ball einmal gehabt haben, wirft der Letzte den Ball zurück zu mir.« Es entsteht eine bestimmte Ball-Bahn (die »grüne« Bahn). Dasselbe wiederholen Sie mit einem zweiten andersfarbigen Ball (z.B. orange), allerdings mit einer anderen Bahn. Es entsteht die »orange« Bahn, die von der grünen abweicht. Üben Sie jetzt erst einmal die grüne und die orange Bahn einzeln. Wenn das gut klappt, können Sie noch einen dritten Ball ins Spiel bringen. So entstehen zwei oder drei Ball-Bahnen. Wenn diese »Einzelbahnen« gut klappen, geht es los. »Jetzt wird es ernst. Ziel des Spiels ist es, dass kein Ball auf die Erde fällt. Wir behalten die grüne und die orange Bahn wie gehabt bei.« Alle zwei oder drei Bälle werden gleichzeitig geworfen, das heißt kurz hintereinander von Ihnen »gestartet«. Die zwei oder drei Ball-Bahnen laufen nebeneinander. Wenn alle Bälle wieder bei Ihnen gelandet sind, ist ein Durchlauf zu Ende. Je nach Gruppe können Sie so lange üben, bis die Bahnen klappen, ohne dass ein Ball herunterfällt.

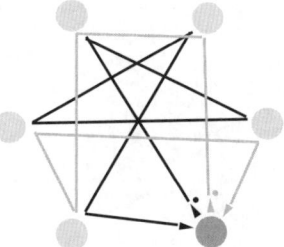

Empfehlung: Nehmen Sie bis zehn Teilnehmer drei, ab zehn besser nur zwei Bälle für das Spiel. Es kommt auch ein wenig auf die Konzentration und den Ehrgeiz der Gruppe an, ob es mit zwei oder drei Bällen klappt.

REFLEXION

Nach dem Spiel können Sie reflektieren: »Wann funktioniert das System?« (Konzentration - Blickkontakt zu dem, dem ich den Ball zuwerfen will - nonverbales O.K., dass der Andere zum Fangen bereit ist - ich muss darauf vertrauen, dass der Andere mir den Ball nur zuwirft, wenn ich fangen kann - merken, wem ich den Ball zugeworfen habe - ich muß den Ball so werfen, dass er gefangen werden kann - es kommt nicht darauf an, möglichst schnell viele Bälle zu werfen, sondern darauf, dass die Bälle gefangen werden ...).

»Wo gibt es Parallelen zur (nonverbalen) Kommunikation, Moderation, Präsentation?«

Bei Teamarbeit: »Wie agieren wir als Team?«, »Achte ich auf meinen Vorgänger, Nachfolger?«

EINSATZ

Zur Auflockerung lässt sich dieses Spiel gut nach einer Pause einsetzen. Sie können anschließend mit den Teilnehmern aus der Spielerfahrung heraus Kommunikationsgrundsätze erarbeiten. Welche Parallele gibt es zu dem Spiel? Was macht eine gute Kommunikation aus?

Was ist in einer Präsentation bei der Informationsvermittlung zu beachten? (Es kommt nicht darauf an, wie viele Bälle man geworfen hat, sondern wie viele von den Teilnehmern gefangen wurden). Wie wichtig ist der Blickkontakt?

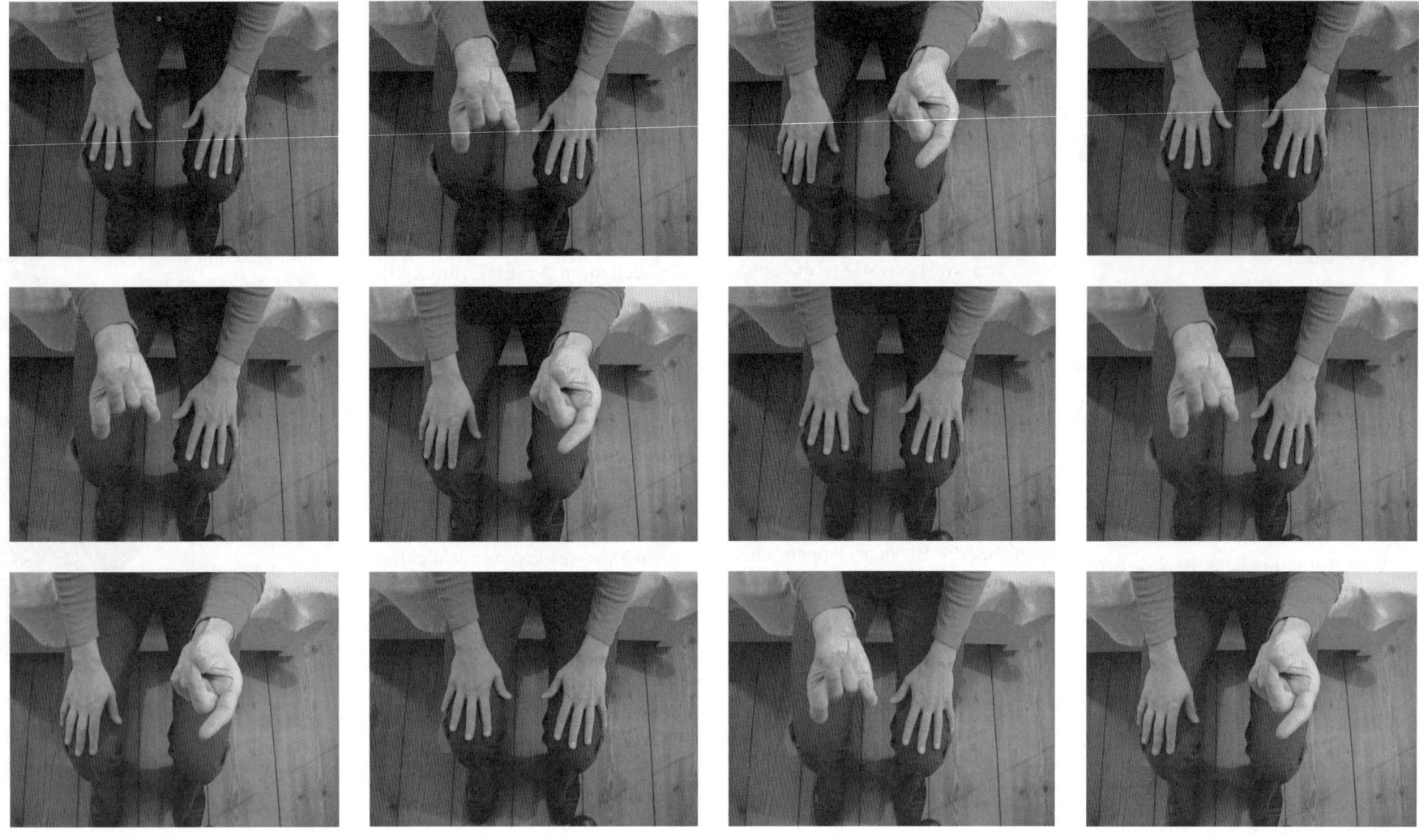

Schnipp und Klatsch

Organisation

Art des Spiels:
o Auflockerungsspiel mit »Hirnaktivierung«
o Kategorie A

Anzahl der Teilnehmer:
Praktisch beliebig. Vorschlag: Nicht mehr als 20 Teilnehmer, da sonst jeder Einzelne zu wenig aktiv ist.

Zeitbedarf:
5-10 Minuten plus eventuelle Reflexionszeit

Material:
o Kein Material

Ablauf

Die Teilnehmer sitzen in einem Stuhlhalbkreis oder -kreis. »Die Übung besteht aus einem leichten körperlichen und einem leichten geistigen Teil. Wir üben erst mal den körperlichen.« Machen Sie den Ablauf einmal vor und üben ihn dann gemeinsam mit allen. Ablauf: Mit beiden Händen leicht auf die Oberschenkel klatschen, dann mit der rechten Hand schnippen, dann mit der linken und dann wieder von vorne auf die Schenkel hauen. Das machen alle aus der Gruppe in demselben Rhythmus.

Jeder aus der Gruppe bekommt eine Zahl zugeordnet (am besten einfach durchzählen). Jetzt kommt der geistige Teil hinzu. »Einer aus der Gruppe ist immer mit Ansagen dran. Beim ersten Schnippen sagt er seine eigene Zahl, beim zweiten Schnippen eine beliebige Zahl, die ein anderer in der Gruppe zugeordnet bekommen hat. Dieser ist nun mit Ansagen dran. Er nennt seine eigene Zahl und einen Nachfolger. Das Klatschen und Schnippen machen immer alle aus der Gruppe im gemeinsamen Rhythmus und lassen sich nicht herausbringen. Kommt jemand mit seinen Zahlen durcheinander, muss er selber wieder hineinfinden.« Das Schema scheint ganz einfach, hat es aber in sich.

Reflexion

Primäres Ziel ist eine Aktivierung und Auflockerung. Mögliche Fragen: »Umgang mit Fehlern?«, »Wie habe ich mich gefühlt, wenn ich einen Fehler gemacht habe?«, »War ich eher locker oder angespannt und warum?«

Einsatz

Ein gutes Spiel, um in einer müden Phase die Teilnehmer zu aktivieren. Linke und rechte Gehirnhälfte werden angeregt. Gut nach einer Pause.

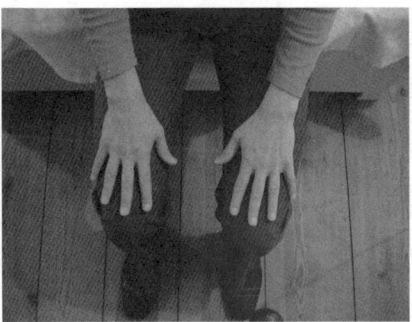 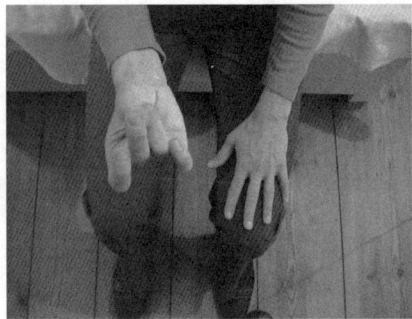 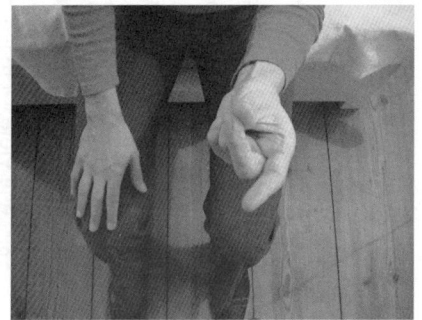 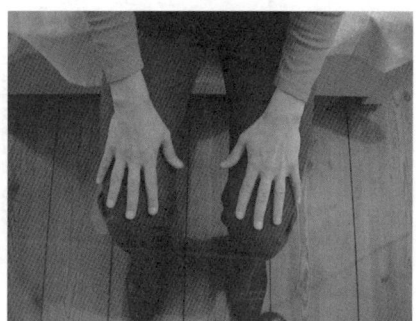

TEST

1. Gibt es in England den 17. Juni?

2. Wenn du nur ein Streichholz hast und einen dunklen Raum betrittst, in dem sich eine Karbidlampe, eine Öllampe und ein Holzofen befinden, was würdest du dann zuerst anzünden?

3. Einige Monate haben 30, andere 31 Tage. Wie viele Monate haben 28 Tage?

4. Ein Arzt gibt Dir drei Tabletten und sagt, du sollst alle halbe Stunde eine davon nehmen. Wie lange würden die Tabletten reichen?

5. Ein Mann baut ein vierseitiges Haus, rechteckig, jede der Seiten zeigt nach Süden. Ein Bär kommt vorbei, welche Farbe hat er?

6. Teile 30 durch 1/2 und zähle 10 dazu. Was ergibt das?

7. Ein Archäologe behauptet, einige Goldmünzen gefunden zu haben, deren Prägedatum 40 vor Christi lautet. Würdest Du ihm glauben?

8. Wie viele Tiere jeder Art nahm Moses mit auf die Arche?

9. Ist es in der Schweiz erlaubt, dass ein Mann die Schwester seiner Witwe heiratet?

10. Was war am 6. Dezember 1933?

11. Kann ein Mann, der westlich von New York lebt, westlich vom Mississippi begraben sein?

12. Ein Mann stirbt und hinterlässt 16.000,- Euro. Der Mann hat 7 Söhne und jeder der Söhne hat eine Schwester. Wie viel erbt jeder?

13. Führe logisch fort:

    M D M D _ _ _

14. Schreibe irgendwas in dieses Kästchen.

15. Zeichne ein Quadrat mit drei Strichen.

Ostfriesen-Abitur

Organisation

Art des Spiels:
- Auflockerungsspiel
- Kategorie A

Anzahl der Teilnehmer:
Praktisch beliebig

Zeitbedarf:
10-15 Minuten plus eventuelle Reflexionszeit

Material:
- 1 Test für jeden Teilnehmer

Ablauf

Jeder Teilnehmer bekommt drei Minuten Zeit, nebenstehendes »Ostfriesen-Abitur« zu bestehen. Kündigen Sie vorher an, dass es sich um eine nicht ganz ernste Auflockerung handelt. Teilen Sie die Bögen aus und geben Sie den Teilnehmern drei Minuten Zeit, die Fragen auf dem Bogen kurz schriftlich zu beantworten.

Nach den drei Minuten werten Sie die Bögen aus, indem jeweils der Nachbar »Korrektur liest«. Auf richtige Antworten gibt es einen Punkt. Vielleicht vereinbaren Sie vorher, dass die »zwei Letzten« die nächste Auflockerung übernehmen dürfen. Sagen Sie zu allen Fragen die richtige Lösung. Bei einigen Antworten wird es Diskussionsbedarf geben. Weisen Sie darauf hin, dass es eine Auflockerung ist und seien Sie großzügig mit den Punkten.

Wenn alle Fragen durchgesprochen sind, bekommen alle ihre Tests wieder zurück. Jetzt fragen Sie, wer 15 oder 14 usw. Punkte hat. Wenn Sie die zwei Teilnehmer mit dem höchsten Punktestand ermittelt haben, lösen Sie auf, dass beim Ostfriesen-Abitur natürlich diejenigen mit den meisten Punkten verloren haben und nicht die mit den wenigsten. Diese zwei sind dann für die nächste Auflockerung verantwortlich.

Die Auflösung: 1. Ja, überall / 2. Streichholz / 3. Alle Monate / 4. Eine Stunde (1. Tablette gleich, 2. Tablette bei 30 min, 3. Tablette bei 60 min und die Tabletten sind alle) / 5. Weiß (Haus steht am Nordpol, dadurch zeigen alle Seiten nach Süden, und es kommt natürlich der Eisbär vorbei) / 6. 70 (30 geteilt durch 0,5=60+10=70) / 7. Nein (sonst hätte der Münzpräger Christi Geburt hellseherisch vorhersagen müssen) / 8. Keins (Das war Noah mit der Arche) / 9. Der Mann ist tot / 10. Nikolaus / 11. Nein (Wenn er lebt, wo auch immer, kann man ihn nicht begraben) / 12. 2000,- Euro (Mann hat 8 Kinder, 7 Söhne, 1 Tochter, alle Söhne haben eine Schwester und zwar immer dieselbe) / 13. F S S (Freitag, Samstag, Sonntag) 14. Im Kasten muss das Wort »irgendwas« stehen 15. |||

Reflexion

Primäres Ziel ist eine Auflockerung. Mögliche Reflexionsfragen: »Wie habe ich die ›Prüfungssituation‹ erlebt?«, »Umgang mit Stresssituationen?«, »Als wie lang habe ich die drei Minuten erlebt?«

Einsatz

Zur lustigen Auflockerung. Manche Probleme sind ganz einfach, wenn man aus der Denkschiene herauskommt. Möglicher Einsatz in Zeitmanagementseminaren, bei Seminaren, in denen es um das Thema Stress geht und bei Kreativitätsseminaren, wenn es um »anderes Denken« geht. Beispiel Zeitmanagementseminar: »Wann schleichen sich Fehler ein, wenn unter Druck gearbeitet wird?«

GELBTEST

ORGANISATION

ART DES SPIELS:
o Auflockerungsspiel
o Kategorie A

ANZAHL DER TEILNEHMER:
Praktisch beliebig. Vorschlag: Nicht mehr als 20 Teilnehmer, da sonst jeder Einzelne zu wenig aktiv ist.

ZEITBEDARF:
10-15 Minuten

MATERIAL:
o Stift/Papier für jeden Teilnehmer

ABLAUF

Jeder Teilnehmer braucht einen Stift und ein Blatt Papier oder eine Pinwandkarte. »Wir machen jetzt einen kleinen psychologischen Test, bei dem ihr etwas über sich erfahren könnt. Dieser Test ist von einem Professor Gelb aus München entwickelt worden. Er hat den Test nach seinem Namen genannt, den so genannten Gelbtest. Ich werde euch gleich ein paar Fragen stellen, auf die ihr ganz spontan antworten sollt. Aber zuerst schreibt die Buchstaben G E L B mit Zwischenraum untereinander auf eine Karte. Schreibt spontan ein Tier auf, das euch zu dem Anfangsbuchstaben G einfällt. Ein Tier mit dem Anfangsbuchstaben E, eins mit L und B. Nun hat jeder von euch vier Tiere auf seiner Karte stehen. Notiert jetzt zu jedem Tier ein oder zwei Eigenschaften, die ihr mit dem Tier assoziiert. Wichtig ist, dass ihr schnell antwortet, ohne lange zu überlegen.« Nach einer Weile haben alle Teilnehmer ein bis zwei Eigenschaften zu jedem Tier notiert.

Zur Auswertung: »Die Eigenschaften, die du zu deinem G-Tier notiert hast, sind deine Eigenschaften in der Gesellschaft.« Lassen Sie alle Teilnehmer ihre notierten Eigenschaften, ohne das Tier zu nennen, der Reihe nach vorlesen. Die Interpretationen zu den anderen Eigenschaften im Überblick:

G-Tier = »Ihre Eigenschaften in der Gesellschaft«. E-Tier = »Ihre Eigenschaften bei der Arbeit/bei der Ausbildung«. L-Tier = »Ihre Eigenschaften in der Partnerschaft/Ehe«. B-Tier= »Ihre Eigenschaften im Bett«.

Erst wenn alle ihre Eigenschaften vorgelesen haben, lösen sie auf, dass es sich natürlich um eine nicht ernst zu nehmende Auflockerung handelt.

EINSATZ

Primär zur Auflockerung zum Beispiel am Ende eines harten Seminartages. Für das Spiel sollten die Teilnehmer schon einen gewissen Kontakt zueinander gefunden haben.

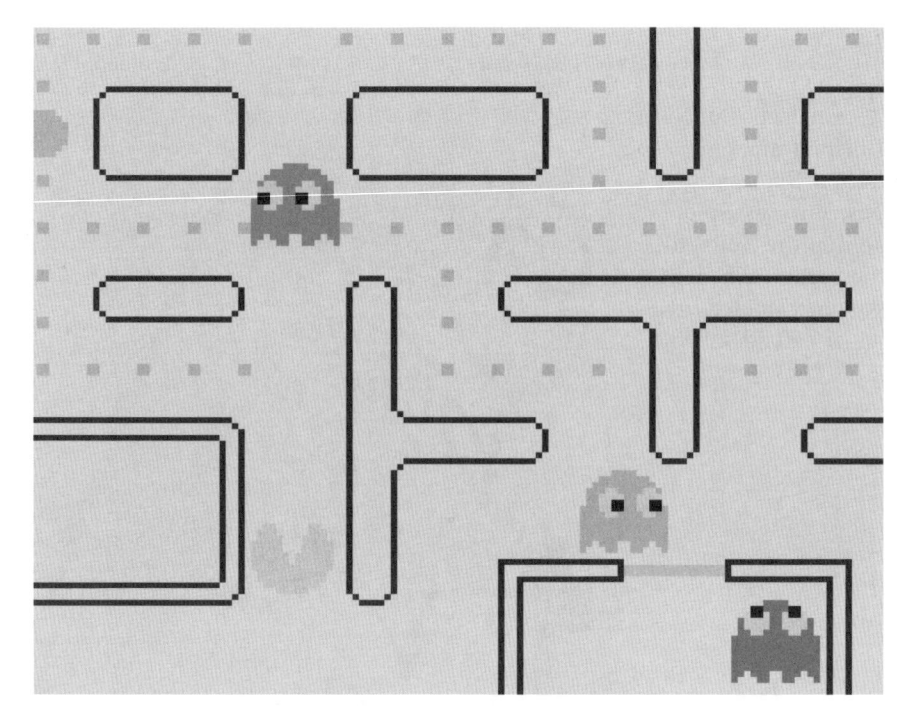

Killerphrasen-Fresser

Organisation

Art des Spiels:
- Auflockerung
- Kategorie A

Anzahl der Teilnehmer:
Praktisch beliebig. Je mehr Teilnehmer, desto eindrucksvoller.

Zeitbedarf:
10-15 Minuten plus eventuelle Reflexionszeit

Material:
- Kein Material
- Freier Raum

Ablauf

Wer kennt das nicht? Bei einer Besprechung ist die neue Idee kaum geäußert, da kommen schon die Killerphrasen und machen sie platt. »Das haben wir schon probiert«, »Das wird eh nix«, »Zu teuer«, »Rechtlich nicht machbar«, »Die Praxis sieht ganz anders aus«, ... usw.

Bei einer Ideensammlung, z.B. in Form eines Brainstormings, ist es sinnvoll, in der Sammelphase auf Killerphrasen zu verzichten und erst einmal alle Ideen zuzulassen. Dadurch entsteht eine kreative Atmosphäre, in der innovative Ideen entwickelt werden können.

Ein unterhaltsamer Einstieg in diese Ideensammelphase ist das Killerphrasenspiel.

Und so funktioniert's: Alle Teilnehmer bis auf einen sind Killerphrasen. Killerphrasen können sich fortbewegen, und zwar so: In schnellen, aber ganz kurzen Trippelschritten.

Der Killerphrasenfresser kann große, aber etwas langsamere Schritte machen. Außerdem bewegt der Killerphrasenfresser die ausgestreckten Arme wie ein »großes Maul« auf und zu.

Das Spiel beginnt. Alle Killerphrasen verteilen sich im Raum und versuchen, vor dem Killerphrasenfresser zu flüchten, der versucht, diese zu »fressen«. Der Killerphrasenfresser ist etwas schneller als die Killerphrasen. Sobald eine Killerphrase vom Killerphrasenfresser berührt wurde, wird sie selbst zum Killerphrasenfresser. Sie werden sehen, dass sich sehr bald die Killerphrasenfresser explosionsartig vermehren und in kürzester Zeit den Killerphrasen den Garaus gemacht haben.

So haben Sie einen schönen Einstieg in eine killerphrasenfreie Zeit.

Reflexion

Primäres Ziel ist eine Auffrischung und Auflockerung. Mögliche Reflexionen bieten sich an: »Wie gehst du sonst mit Killerphrasen um?«, »Wie schaffst du für dich eine kreative Atmosphäre?«

Einsatz

In Workshops, in denen freie Ideen gesammelt werden dürfen. Klassischer Einstieg in das Thema Brainstorming in einem Kreativitätsseminar.

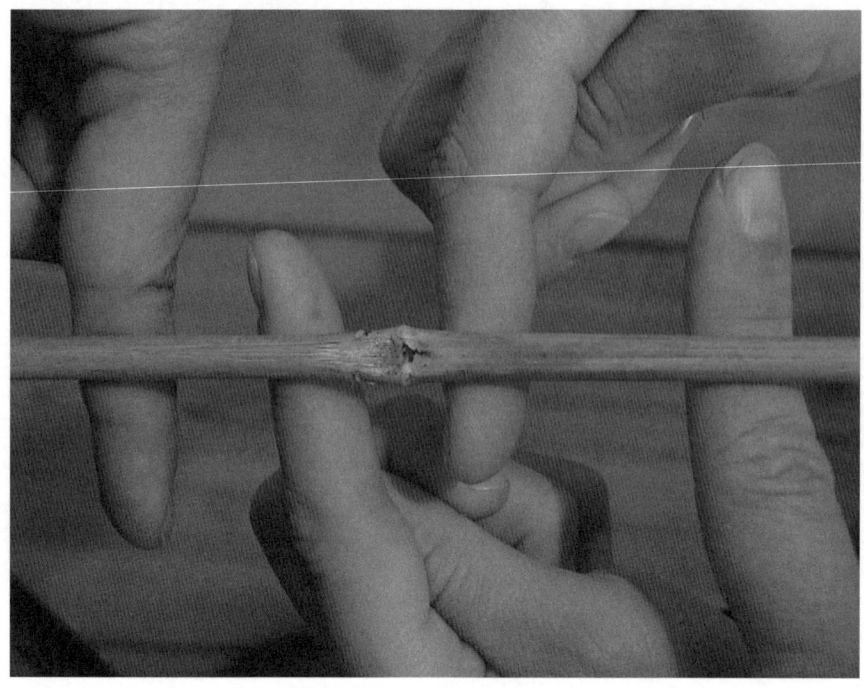

Einfach den Stock ablegen

Organisation

Art des Spiels:
o Auflockerung mit Überaschungseffekt
o Kategorie B

Anzahl der Teilnehmer:
Praktisch beliebig. Gruppe in Teams mit 8 bis 14 Teilnehmern aufteilen.

Zeitbedarf:
10-15 Minuten plus eventuelle Reflexionszeit

Material:
o Für jede Gruppe einen Stab / 1,5 bis 2,5 Meter (Besenstiel, besser Bambusstab)

Ablauf

Die Aufgabe für die Gruppe scheint ganz einfach: Den Stab gemeinsam auf den Boden legen.

Die Rahmenbedingungen: Die Gruppe stellt sich im Abstand von ca. 40 bis 50 cm, gegenüber in zwei Reihen auf. Jeder streckt eine Hand mit ausgestrecktem Zeigefinger vor. Der Stab wird locker auf die Zeigefinger gelegt. Der Stab liegt jetzt waagerecht, etwas über Hüfthöhe, auf den von links und rechts vorgestreckten Zeigefingern der Teilnehmer. »Jetzt den Stab einfach auf die Erde legen. Bedingung ist, dass jeder mit seinem Zeigefinger ständigen Kontakt mit dem Stab hat und ihr den Stab mit nichts anderem berühren dürft. Er darf also nur auf euren Fingern liegen«. Verblüffenderweise wird der Stab nach dem Startzeichen nicht nach unten, sondern nach oben gehen. Meist löst dies eine heftige Diskussion darüber aus, wer den Stab fälschlicherweise hochhebt und nicht absenkt.

Verschärfend können Sie an die Enden des Stabes noch etwas hängen, was herunterrutschen kann (z.B. ein Schlüsselbund). Erschwerend kommt jetzt hinzu, dass der Stab noch in der Waage gehalten werden muss.

Reflexion

Überraschender Effekt ist hier, dass der Stab wie von Zauberhand immer nach oben entschwinden möchte. Meist gelingt es der Gruppe erst nach einiger Diskussion, Problemanalyse, Kommandoabsprache und gemeinsamer Vorgehensweise, den Stab auf den Boden zu bringen. Manchmal werden sogar Verdächtigungen geäußert, dass Einzelne die Übung boykottieren, indem sie mit Absicht den Stab nach oben heben.

Mögliche Auswertungsfragen: »Wie hast du die Übung erlebt?«, »Wie ist die Entscheidung in der Gruppe zustande gekommen?«, »Hat jemand dominiert?«, »Welche Taktik/Stategie wurde verfolgt?«

Auch wenn Konflikte auftreten, können diese thematisiert werden.

Einsatz

Das Spiel eignet sich gut für Seminare, bei denen es um Teamarbeit, Vereinbarungen und Problemlösungen geht und wenn gemeinsame Vorgehensweisen abgesprochen werden sollen.

Da bei dieser Übung meistens Uneinigkeit in der Gruppe entsteht, passt sie gut in ein Konfliktseminare.

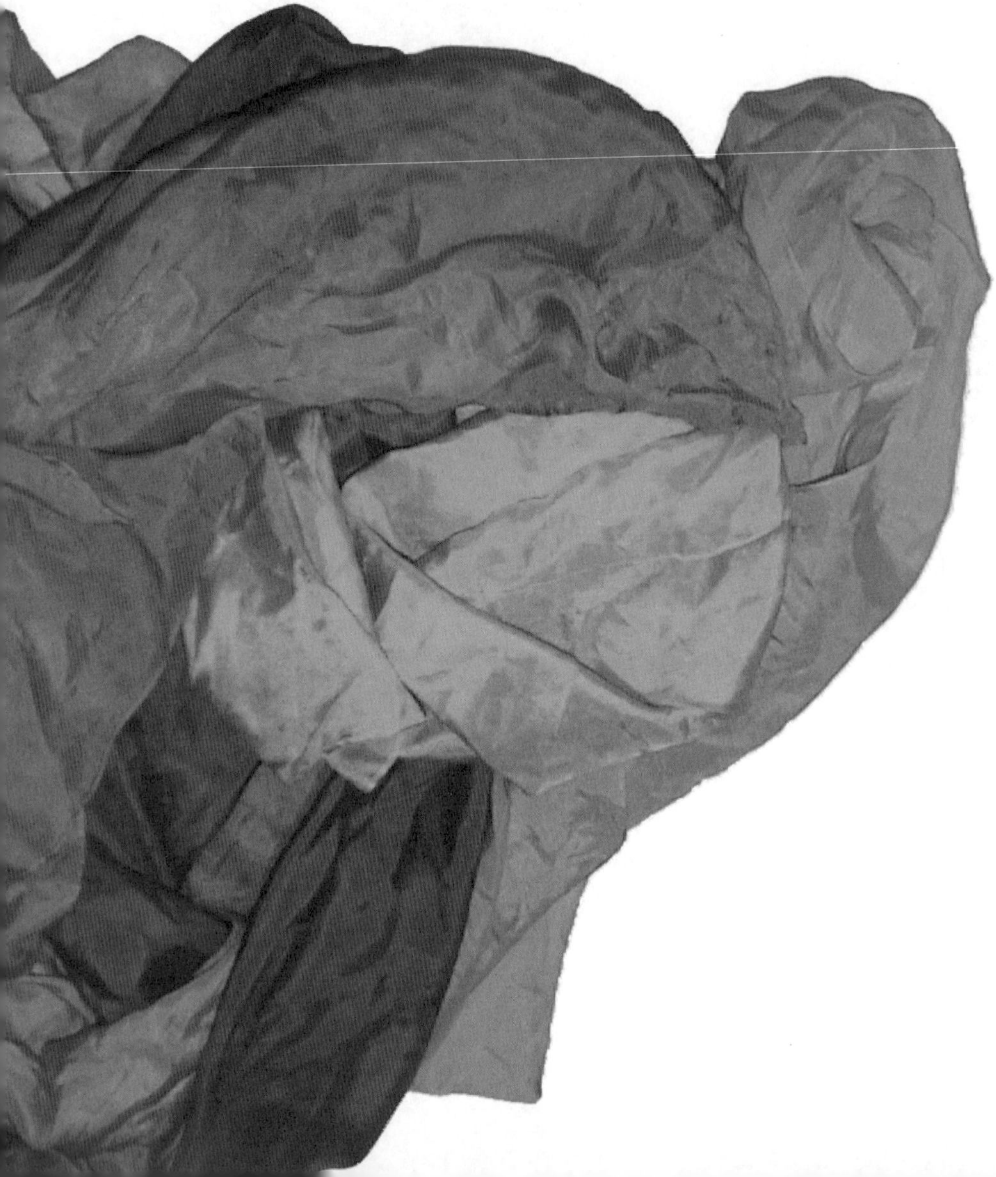

RAUPE

ORGANISATION

ART DES SPIELS:
o Auflockerungsspiel mit »Hintergrund«
o Kategorie B-C

ANZAHL DER TEILNEHMER:
Praktisch beliebig. Vorschlag: Nicht mehr als 20 Teilnehmer, da sonst jeder Einzelne zu wenig aktiv ist.

ZEITBEDARF:
10-30 Minuten plus eventuelle Reflexionszeit

MATERIAL:
o Tücher zum Augenverbinden, eventuell Kasten für die Brillen der Teilnehmer

ABLAUF

Teilen Sie die Gruppe so auf, dass Kleingruppen von sechs bis neun Teilnehmern entstehen. Jede Kleingruppe bekommt die Aufgabe, eine Raupe zu bilden, indem sich die Teilnehmer hintereinander anfassen (zum Beispiel »Polonaisenform«). Nur der letzte Teilnehmer kann sehen, er ist der Steuerer. Die anderen bekommen die Augen verbunden. Die Gruppe entscheidet selbst, wer welche Rolle übernimmt.

Die Gruppe soll einen Weg gehen, den Sie aber noch nicht verraten. Die Teilnehmer haben zehn bis fünfzehn Minuten Zeit, sich auf die Steuerung der Raupe zu einigen. Die Steuerung darf nur nonverbal erfolgen (zum Beispiel: Linke Schulter drücken heißt linksherum gehen). Die Gruppe sollte also vorher die Signale vereinbaren und darf auch Testdurchläufe durchführen.

Dann geht es los. Alle außer dem Steuerer haben die Augen verbunden. Zeigen Sie dem Steuerer den Weg, den es zu folgen gilt, indem Sie einfach immer ein paar Meter vorangehen. Sie sind sozusagen das »Blatt«, dem die Raupe folgt. Leiten Sie immer nur eine Gruppe durch den Raum oder den Garten, so dass die Anderen beobachten können. Wenn Sie das Spiel beenden wollen, bleiben Sie einfach stehen und lassen sich von der Raupe fangen.

Wählen Sie für jede Gruppe verschiedene Wege mit unterschiedlichen Schwierigkeitsgraden (Hindernisse, Treppen, Tische). Passen Sie auf, dass sich niemand verletzt oder stößt. Bitten Sie die Gruppe, die die Beobachterrolle hat, mit aufzupassen.

Wenn Ihre Teilnehmer Spaß daran haben, machen Sie einen zweiten Durchgang mit der Möglichkeit, sich noch einmal abzusprechen und einen weiteren Versuch zu starten. Die Steuerer-Rolle kann getauscht werden.

REFLEXION

Mögliche Auswertung: »Wie ist der Absprachprozess gelaufen?«, »Wie wurde sich an die Absprachen gehalten?«, »Wie lief der Informationsfluss?«, »Wie reagiert die Gruppe auf Situationen, die nicht abgesprochen wurden?«, »Wie weit lassen sich unvorhersehbare Dinge planen?«, »Wer übernimmt welche Position in der Raupe (hinten, vorne, Mitte)?«, »Welche Parallelen gibt es zu deiner Arbeit im Team/in der Projektgruppe?«

EINSATZ

Für Seminare, bei denen es um Zusammenarbeit, Absprache, Kommunikation, Informationsfluss, Planung, Führung, Leitung und/oder Teamentwicklung geht.

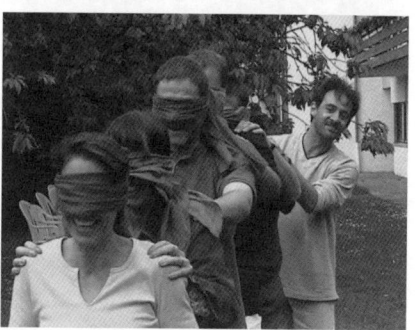

SCHNELL-BALL ...

ORGANISATION

ART DES SPIELS:
o Lernspiel mit »Hintergrund«
o Kategorie B-C

ANZAHL DER TEILNEHMER:
Praktisch beliebig. Vorschlag: Nicht mehr als 20 Teilnehmer, da sonst jeder Einzelne zu wenig aktiv ist.

ZEITBEDARF:
20-40 Minuten plus eventuelle Reflexionszeit

MATERIAL:
o 3-6 Jonglierbälle

ABLAUF

Alle Teilnehmer stellen sich in einen Kreis. Sie werfen den Ball einem Teilnehmer zu.

»Bitte wirf den Ball an jemand anderen weiter. Jeder sollte den Ball mindestens und höchstens einmal fangen und werfen. Wenn alle den Ball einmal gehabt haben, wirft der Letzte den Ball zu mir zurück.«

Es entsteht eine bestimmte Ball-Bahn, also eine Personenreihenfolge, die der Ball durchläuft. Diese Personenreihenfolge soll aber nicht nur von einem Ball, sondern von drei (oder auch bis zu sechs) Bällen durchlaufen werden. Dasselbe wiederholen Sie mit einem zweiten Ball (und dritten bis zu sechs Bällen). Alle Bälle werden auf derselben Bahn geworfen. Die Bälle werfen Sie kurz hintereinander los. Wenn die Bahn läuft, gehen Sie aus dem Kreis heraus. Jetzt ist derjenige, der Ihnen zuletzt die Bälle zugeworfen hat, der »Ballstarter«, und bei ihm landen auch alle Bälle wieder.

Die Bälle werden vom »Starter« kurz hintereinander losgeworfen. Das ist der Prozess: Sechs Bälle müssen hintereinander eine bestimmte Personenreihenfolge durchlaufen. Die Aufgabe ist, den Prozess zeitoptimal zu gestalten.

Jetzt stoppen Sie die Zeit, die die Gruppe für einen Durchgang braucht, und erläutern nochmals die Bedingungen.

Erklären Sie: »Die Rahmenbedingungen der Aufgabe sind, dass alle Bälle bei Peter nacheinander starten und in derselben Reihenfolge wieder ankommen. Jeder aus der Gruppe muss alle Bälle nacheinander in der eben festgelegten Reihenfolge berühren.« Die Gruppe darf

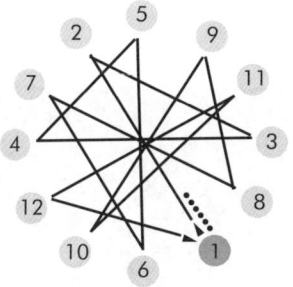

den Prozess so oft wiederholen, wie sie möchte, um zu trainieren und zu experimentieren. Wenn die Gruppe eine bestimmte Zeit erreicht, fragen Sie die Gruppe, ob die Zeit nicht doch noch zu unterbieten ist, oder motivieren Sie durch eine neue Zeitvorgabe. Geben Sie der Gruppe Zeit, eine kreative Lösung zu finden.

Bei einer Gruppe von zwölf Teilnehmern dauert der Vorgang meist um die sechzig Sekunden. Wenn die Gruppe ehrgeizig ist und sich alle konzentrieren, können sie die Zeit auf fünfzig Sekunden verkürzen. Wird der Prozess noch mehr beschleunigt, schleichen sich meist Fehler ein. Ein Ball fällt runter, und es dauert plötzlich noch länger als vorher. Meist ist das der Moment, in dem alle sagen: Der Prozess ist zeitoptimiert. Mehr ist nicht drin.

... SCHNELL-BALL

Bis ein Teilnehmer die Rahmenbedingungen abfragt. In der Regel kommt dann jemand auf die Idee: »Wir müssen ja nicht in dieser Form stehen bleiben, wir könnten uns doch in der Reihenfolge im Kreis stellen, wie wir uns eben die Bälle zugeworfen haben. Dann brauchen wir uns die Bälle nur weiterzugeben.« Die Rahmenbedingungen werden durch diese Veränderung nicht verletzt. Die Prozesszeit verkürzt sich von fünfzig auf zwanzig Sekunden. Wenn die Gruppe hier trainiert, sind noch mal zwei Sekunden rauszuholen. Ist jetzt aber das Optimum erreicht?

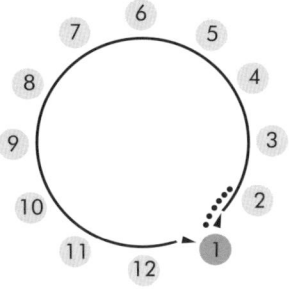

Wenn die Denkblockaden überwunden sind, findet die Gruppe zahlreiche Möglichkeiten, den Ablauf weiter zu verkürzen. Müssen sich eigentlich die Bälle bewegen? Können diese nicht auf einem Tisch fixiert werden, und wir gehen daran vorbei und berühren sie? Können die Bälle nicht durch eine Röhre rutschen, die durch unsere Hände gebildet wird? Und es geht unter zwei Sekunden für den ganzen Prozess. Zeitliche Prozessoptimierung von sechzig auf zwei Sekunden. Eine Zeitreduzierung von über 97%!

Richtige »Zeitsprünge« in der Prozessoptimierung lassen sich nur durch innovative Neuerungen erreichen. Dies wäre in diesem Experiment zum Beispiel die Idee, den Standpunkt zu wechseln oder dass sich die Gruppe anstelle der Bälle bewegt.

Reflexion

Mögliche Auswertungen sind: »Wie sind die Entscheidungen in der Gruppe entstanden?«, »Wann sind grundlegende Zeitverbesserungssprünge entstanden?« (meist lässt sich ein Verfahren bis zu einer bestimmten Grenze optimieren, dann kommt man nur mit einer neuen innovativen Idee weiter).

Einsatz

Das Spiel lässt sich in Seminaren einsetzen, bei denen es um Teamarbeit und/oder Kreativitätstechnik geht.

In Zeitmanagementseminaren gibt es häufig eine Diskussion darüber, dass Teilnehmer die Ideen zum Zeitmanagement zwar sehr gut finden, aber meinen, sie in ihrem Arbeitsumfeld nicht einsetzen zu können. Dass es zwar einleuchtet, unwichtige Aufgaben zu reduzieren, aber dies unter ihren Arbeitsbedingungen nicht möglich sei. Wenn Sie die Schnellball-Übung durchführen, haben Sie ein Beispiel dafür, wie man viel erreichen und Abläufe optimieren kann, ohne die Rahmenbedingungen zu verlassen. Dies geht nicht ohne Energie und kreative Ideen. Aber es ist möglich.

KIPPSTUHL

ORGANISATION

ART DES SPIELS:
- Interaktionsspiel mit »Hintergrund«
- Kategorie B-C

ANZAHL DER TEILNEHMER:
Praktisch beliebig. Vorschlag: Nicht mehr als 20 Teilnehmer, da sonst jeder Einzelne zu wenig aktiv ist.

ZEITBEDARF:
20-40 Minuten plus Reflexionszeit

MATERIAL:
- 1 Stuhl für jeden Teilnehmer

ABLAUF

Es gibt einen Stuhlkreis. Die Teilnehmer stellen sich außen um den Stuhlkreis herum. Jeder Teilnehmer steht hinter einem Stuhl. »Jeder von euch fasst bitte den Stuhl nur mit der linken Hand und kippt ihn so zu sich heran, dass der Stuhl nur noch auf zwei Beinen steht.« Alle Teilnehmer stehen jetzt hinter einem gekippten Stuhl und schauen gegen den Uhrzeigersinn. Dieser Stuhl, hinter dem jeder Teilnehmer steht, ist sein persönlicher Startstuhl. »Die Aufgabe ist es, in der ganzen Gruppe einmal im Kreis gegen den Uhrzeigersinn herumzukommen. Ihr sollet euren Startstuhl wieder erreichen, ohne dass ein Stuhl umfällt oder mit den anderen zwei Beinen auf die Erde kommt. Die Stühle dürfen nur mit einer Hand und sonst mit keinem anderen Körperteil berührt werden. Passiert ein Fehler, müssen alle zurück zu ihrem Startstuhl«. Es gilt also, den eigenen Stuhl loszulassen und den nächsten Stuhl zu greifen, ohne dass einer von beiden umfällt. Die Teilnehmer können nach jedem Schritt einen Pause machen und sich jederzeit über ihre Vorgehensweise und Taktik verständigen. Klappt es zu »leicht«, können Sie die Aufgabe erschweren (z.B. nach dem Fassen des nachfolgenden Stuhles darf nicht mehr umgegriffen werden; den Stuhlkreis größer machen, das heißt die Abstände zwischen den Stühlen vergrößern, oder ganz geschickten Teilnehmern die Augen verbinden). Sie beobachten die Aufgabe. Wenn die Teilnehmer einen gemachten Fehler nicht zugeben, weisen Sie die Gruppe auf den Fehler hin. Eine Variante ist, dass Sie die Teilnehmer vorher kurz den Ablauf üben lassen. Dann einigen sich die Teilnehmer auf die Anzahl von Stühlen, die sie hintereinander ohne Fehler in den nächsten fünf Minuten vorrücken wollen (Zielvereinbarung in der Gruppe, welche Anzahl wollen wir in fünf Minuten erreichen?). Passiert ein Fehler, wird auf Null gesetzt und das Zählen beginnt von vorne.

REFLEXION

Mögliche Auswertung: »Wie erfolgte die Absprache?«, »Wie wurde ein Gruppenleiter/Signalgeber gewählt?«, »Was wurde mit dem Signalgeber gemacht, wenn es nicht funktionierte?« (Spitze ausgewechselt oder System überdacht), »Wie wurde mit Fehlern umgegangen?« (vertuschen, zugeben, aus Fehlern lernen?), »Wie wurde mit denen umgegangen, die (mehrmals) Fehler gemacht haben?«, »Wie haben sich die gefühlt, die etwas falsch gemacht haben?«, »Welche Parallelen gibt es zu ihrer Arbeitswelt?« Gerne ignoriert die Gruppe ihre Fehler. Erst wenn Sie auf die Fehler hinweisen, setzt ein »Qualitätsbewusstsein« ein. »Warum?«, »Was ist mit Selbstkontrolle?« Auch das Thema des »Schuldigen« können Sie diskutieren. Eher werden Fehler dadurch verursacht, dass der Stuhl nicht »richtig« losgelassen und übergeben wurde, als dass er falsch gefangen wurde. Häufig wird aber der angeblich ungeschickte Fänger als der Schuldige angegeben. Es wird mehr nach Schuldigen gesucht, als nach der Ursache der Störung geforscht. Setzen Sie die Variante mit der Zielvereinbarung ein, können Sie Themen diskutieren wie: »Wie ist es zu der Vereinbarung gekommen?« (Mehrheit, Konsens), »Entsprach das erzielte Ergebnis mehr, weniger oder genau der Zielsetzung? Und warum war das so?«, »Welche Vor- und Nachteile haben Zielvereinbarungen?«, »Wie können wir aus Fehlern lernen?«

EINSATZ

Das Spiel lässt sich in Seminaren einsetzen, in denen es um Teamarbeit, Qualität und/oder Zielsetzungen geht, z.B. Verkaufszahlen. Um bewusst zu machen, wie mit Fehlern umgegangen wird. Was haben die Einzelnen für Vermeidungs- und Vertuschungsstrategien?

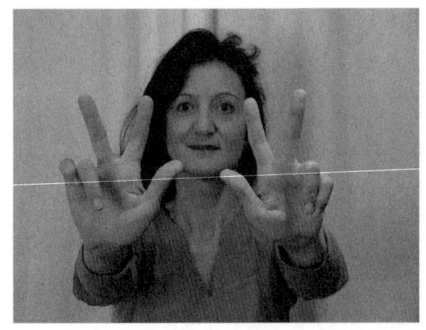 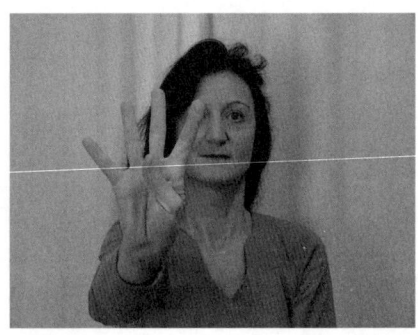  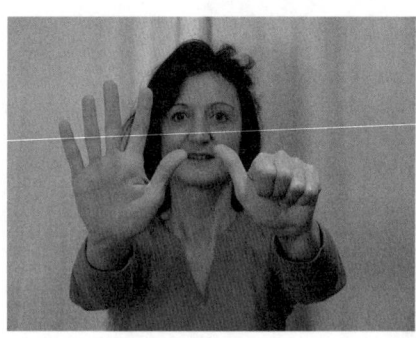

Das ist eine Zehn   Das ist eine Sechs   Das ist eine Vier   Das ist eine Drei

Hand-Zahlen-Rätsel

Organisation

Art des Spiels:
o Rätsel mit »Hintergrund«
o Kategorie B

Anzahl der Teilnehmer:
Praktisch beliebig. Vorschlag: Nicht mehr als 20 Teilnehmer, da sonst jeder Einzelne zu wenig aktiv ist.

Zeitbedarf:
5-15 Minuten plus eventuelle Reflexionszeit

Material:
o Ihre Finger

Ablauf

Sie sitzen mit den Teilnehmern in einem Stuhlkreis und halten an einer oder beiden Händen ein paar Finger hoch. Beispielsweise Daumen, Zeigefinger und Ringfinger an beiden Händen und sagen dazu: »Das ist eine Zehn!« Danach halten Sie eine andere Anzahl von Fingern in die Höhe, z.B. vier Finger der rechten Hand und sagen »Das ist eine Sechs.« Dann halten Sie drei Finger der linken Hand in die Höhe und sagen: »Das ist eine Vier.«

Die Zahlen, die Sie nennen, stimmen nicht mit den hochgehaltenen Fingern überein. Es gibt eine »geheime« Regel, die die Teilnehmer durchschauen sollen.

Die Regel funktioniert wie folgt: Die Zahl, die Sie nennen, ist immer die Zahl der vorhergegangenen Fingerkombination. Wenn Sie zum Beispiel erst alle Finger einer Hand hochhalten, sagen Sie bei der nächsten Kombination »Das ist einen Fünf«, egal, wie viel Finger Sie jetzt hochhalten (diese Regel behalten Sie erst einmal für sich).

Nach drei oder vier Beispielen sollen die Teilnehmer die gezeigte Zahl raten. Wer das System durchschaut hat, darf auch Zahlen nennen und zeigen (ohne das System zu verraten). Wenn sich die Teilnehmer beteiligen, achten Sie darauf, dass immer nur ein Teilnehmer nach dem anderen zeigt und die Zahl nennt, nicht zwei Teilnehmer gleichzeitig. Nach und nach verstehen immer mehr Teilnehmer die Regel. Warten Sie nicht, bis »der Letzte« alles verstanden hat. Lösen Sie vorher das System auf.

Reflexion

Hinterher können Sie mit den Teilnehmern diskutieren, warum man häufig versucht, nach einer komplizierten »rechnerischen« Lösung zu suchen. Aus der Gruppensituation ergeben sich die Fragen: »Wie haben sich die gefühlt, die die Lösung kannten?«, »Wie haben sich die gefühlt, die die Lösung noch nicht gefunden hatten?«, »Wer hat ›aufgegeben‹?«, »Was hat wen wie sehr geärgert?« Häufige »emotionale Kurve« bei den Beteiligten: Am Anfang eher Ehrgeiz, das System zu durchschauen/wenn das nicht klappt:

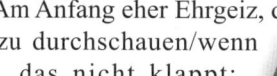

Resignation, Misstrauen, Ärger, Ablehnung/wenn es durchschaut wird: Erfolgserlebnis, Freude, vielleicht sogar ein bisschen das Gefühl, den Anderen überlegen zu sein.

Hier können Sie diskutieren, dass die Akzeptanz einer neuen Idee/eines neuen Projekts/Konzepts viel mit dem Verstehen zusammenhängt. Wenn etwas Neues abgelehnt wird, kann eine Ursache darin liegen, dass es nicht verstanden wurde. Erklärung fördert die Akzeptanz.

Einsatz

Dieses Spiel können Sie einsetzen, wenn es bei dem Seminarthema um den Umgang mit Informationen geht. Zum Beispiel bei einer Projektgruppe oder einem Arbeitsteam: »Wie gehen wir mit unseren Informationen gegenüber den Anderen/dem Umfeld um?«, »Soll ich Informationen von mir aus geben oder warten, bis die anderen das System erraten haben?« Oder wenn eine spezielle Grupe etwas lernt, kann das Spiel die Teilnehmer anregen, nach dem Seminar offener mit diesem Wissen umzugehen.

Würfel-Achtung-Eins

Organisation

Art des Spiels:
o Interaktionsspiel mit »Risiko«
o Kategorie B

Anzahl der Teilnehmer:
Praktisch beliebig. Vorschlag: Nicht mehr als 20 Teilnehmer, da sonst jeder Einzelne zu wenig aktiv ist.

Zeitbedarf:
15-20 Minuten plus eventuelle Reflexionszeit

Material:
o 1 möglichst großer (Schaumstoff-) Würfel

Ablauf

Unterteilen Sie die Seminargruppe in zwei bis vier Gruppen mit ungefähr gleicher Teilnehmerzahl (z.B. Gruppe A, B und C). Sie haben einen Würfel dabei (gut geeignet ist ein größerer Schaumstoffwürfel). »Eine Gruppe kann gewinnen. Das Ziel ist es, in der Summe eine möglichst hohe Augenzahl zu erwürfeln. Jede Gruppe agiert als Team. Wir spielen insgesamt drei Runden, und jede Runde besteht aus einer Würfelsequenz für jede Gruppe. Es gelten folgende Regeln: Jede Gruppe kann solange hintereinander würfeln, wie sie will. Die Punkte werden addiert. Aber - jetzt kommt's - wenn eine Eins gewürfelt wird, ist die Würfelchance beendet, und alle bisherigen Punkte aus dieser Würfelsequenz werden auf null gesetzt. Die Augen, die in den vorhergegangen Runden erwürfelt wurden, bleiben bestehen«. Jede Gruppe muss also entscheiden, ob sie weiterwürfelt auf die Gefahr hin, dass eine Eins kommt und die Summe auf null gesetzt wird, oder ob sie ihre erwürfelte Augenzahl sichert und das nächste Team weiter würfeln lässt.

Angenommen, Gruppe A beginnt. Die A Gruppe würfelt so lange, bis sie aufhört und den »Gewinn« dieser Runde einstreicht oder bis eine Eins gewürfelt und für diese Runde null addiert wird. Danach ist Gruppe B an der Reihe. Drei ist eine gute Anzahl von Runden, die Sie spielen können. Notieren Sie am besten die Zwischenergebnisse für alle sichtbar auf einem Flipchart.

Die Gruppe, die am Schluss die meisten Punkte gesammelt hat, hat gewonnen. Vielleicht haben Sie sogar eine kleine Überraschung für die Gewinner und natürlich auch für die zweit- und drittbeste Gruppe dabei.

Reflexion

Mögliche Auswertungen sind: »Wie werden die Entscheidungen getroffen?« (in gemeinsamer Abstimmung - einer allein - unterschiedlich), »Wie ist die Risikobereitschaft?«, »Wie ist die Gruppe mit ›Verlusten‹ umgegangen?«, »Wie wurde mit denen umgegangen, die weiterwürfeln wollten, wenn es dann schiefgegangen ist?«, »Wie viel Risiko wollte die Gruppe eingehen/vermeiden?«

Einsatz

In Seminaren, bei denen es um Teamarbeit, Absprachen und Entscheidungen geht, können Sie dieses Spiel einsetzen. Das Würfeln lockert auf und verbindet. Auch bei Team-/Projektgruppen ist das Würfelspiel ein guter Einstieg in das Thema Risikoanalyse und Risikobereitschaft.

Haus-Baum-Hund

Organisation

Art des Spiels:
o Auflockerungs- und Interaktionsspiel
o Kategorie B

Anzahl der Teilnehmer:
Es muss eine gerade Anzahl von Teilnehmern sein, da Zweier-Teams gebildet werden. Falls Sie die Bilder und den Verlauf anschließend im Plenum diskutieren möchen, nicht mehr als 20 Teilnehmer, da sonst jeder Einzelne zu wenig aktiv ist. Werten Sie die Übung im Zweier-Team aus, ist die Anzahl praktisch beliebig.

Zeitbedarf:
10-15 Minuten plus eventuelle Reflexionszeit

Material:
o 1 Blatt Papier für je zwei Teilnehmer, am besten DIN A3 oder DIN A2 (1/4 Flipchartbogen)
o Dicker Filzstift für je zwei Teilnehmer
o Eventuell Kreppband, um die Bögen nach der Übung aufzuhängen.

Ablauf

Jeweils zwei Teilnehmer sitzen sich gegenüber an einem Tisch. Zwischen ihnen liegt ein größerer Bogen Papier und ein dickerer Filzstift.

Erläutern Sie die Aufgabe: »Ziel ist es, dass ihr gemeinsam ein Bild malt, und zwar ein Haus, einen Baum und einen Hund. Das Entscheidende bei der Aktion ist, dass ihr das Bild gemeinsam malt, das heißt den Stift gemeinsam anfasst, um zu zeichnen. Und es gibt noch eine Regel: schweigen! Das Bild ist ohne verbale Absprache zu erstellen. Auch vorher dürft ihr euch nicht absprechen.« Streng genommen sollten auch keine Signale wie Zwinkern, Kopfnicken oder Husten zum Einsatz kommen. Gelacht werden wird bei dieser Übung sicherlich. Jedes Team entscheidet selbst, wie auch immer, wann es mit dem Bild fertig ist.

Reflexion

Bei dieser Übung können Sie sehr schön das Thema Führung und Konflikt diskutieren. »Wer hat wie und wann geführt?«, »Hat jemand dominiert?«, »Wie ist es dir in der aktiven/passiveren Rolle ergangen?«, »Wurde um die Führungsrolle gerungen? Gab es Konflikte?«, »Wie wurden die Entscheidungen gefällt?« Häufig sagen die Teams: »Wir haben das Bild einfach gezeichnet, welche Entscheidungen?« Aber es sind einige Entscheidungen zu fällen, wie z.B. »Wie herum steht das Bild? Wie ist die Perspektive? Bei wem Steht das Bild auf dem Kopf oder liegt es seitlich?«, »Wann war eine Figur fertig? Wann war das Bild fertig?« oder auch ganz einfache Dinge wie »Wer nimmt zuerst den Stift? Wer hält den Stift an welcher Stelle?«

Interessant ist es auch zu diskutieren, welche Figur am schwersten/einfachsten zu zeichnen war. Meist wird das Haus am einfachsten/konfliktfreiesten und der Hund am schwierigsten/mit den meisten Uneinigkeiten empfunden. Warum ist das so? Von einem Haus haben viele sehr ähnliche Stereotypen im Kopf. Die Vorstellungen, wie ein Haus zu zeichnen ist, sind sehr ähnlich. Hier hat man sich schnell geeinigt. Beim Hund sieht es anders aus. Hier gibt es häufig den größten »Kampf«. Die Vorstellungen sind sehr unterschiedlich, wie in einem Team oder einer Paarbeziehung. Konflikte treten dann auf, wenn die Vorstellungen auseinander gehen. Solange alle dieselben Bilder im Kopf haben, ist die Harmonie einfach. Aber wie soll man mit unterschiedlichen Vorstellungen umgehen?

Einsatz

Konfliktseminare und Seminare mit den Themen Teamarbeit und Führung bieten sich hier an. Natürlich hat das Ganze auch mit Kommunikation zu tun, gerade wenn die Interaktionsmöglichkeit Sprache ausgeblendet wird.

Bilder-Stille-Post

Organisation

Art des Spiels:
o Auflockerungs- und Kommunikationsspiel
o Kategorie B

Anzahl der Teilnehmer:
6 bis 9 Teilnehmer beteiligen sich aktiv. Die Anzahl der Beobachter ist praktisch beliebig.

Zeitbedarf:
15-40 Minuten plus eventuelle Reflexionszeit, ggf. auch für das Anschauen der Videoaufzeichnung.

Material:
o 1 Bild (als Kopie)
o Eventuell 1 Bild auf Folie (dann für die ganze Gruppe sichtbar)
o Stift und Plakat (Flipchart), damit das Bild von einem Teilnehmer gezeichnet werden kann.

Ablauf

Dieses Spiel funktioniert ähnlich wie das bekannte Stille-Post-Spiel. Sechs bis neun Teilnehmer Ihrer Seminargruppe haben die Chance, sich an dem Experiment zu beteiligen. Die anderen Teilnehmer nehmen eine Beobachterrolle ein. Organisieren Sie den Ablauf wie folgt: Stellen Sie zwei Stühle nach vorne, und zwar so, dass sich die zwei Teilnehmer anschauen können, wenn sie darauf sitzen. Erklären Sie die Vorgehensweise für alle Teilnehmer: »In Anlehnung an viele Kommunikationsmodelle ist der eine der Sender- und der andere der Empfänger-Stuhl. Alle, die sich an dem Experiment beteiligen, werden gleich vor die Tür geschickt, bis auf einen. Dieser ist der Erklärungsstarter. Er bekommt ein Bild gezeigt, das er sich so lange einprägen kann, wie er möchte. Dann werde ich ihm das Bild wieder abnehmen. Der Erklärungsstarter sitzt auf dem Sender-Stuhl.

Jetzt wird der Erste von euch hereingerufen und setzt sich auf den Empfänger-Stuhl. Der Erklärungsstarter hat jetzt die Gelegenheit, dem Empfänger das Bild zu schildern. Er darf es mit Worten so beschreiben, wie er möchte, aber dabei keine Gestik einsetzen. Und es ist eine einseitige Kommunikation. Rückfragen seitens des Empfängers sind verboten. Die Erklärung ist dann beendet, wenn der Sender entschieden hat, dass er genug erklärt hat.

Dann wechselt der Empfänger auf den Senderstuhl, und der nächste Empfänger wird von draußen hereingeholt. Dieser bekommt wiederum das Bild erklärt. Dieser Wechsel erfolgt so lange, bis der Letzte auf dem Empfängerstuhl sitzt und die Erklärung gehört hat.

Danach hat dieser die Gelegenheit, das Bild zu zeichnen, und zwar so, wie er die Erklärung verstanden hat.«

Nach dieser Erklärung schicken Sie alle Teilnehmer bis auf den Erklärungsstarter mit der Bitte vor die Tür, die Reihenfolge und wer das Bild zum Schluss malen möchte, abzusprechen.

Wenn Sie die Übung durchlaufen lassen, ist es auch für die Beobachter interessanter, wenn diese das Bild noch nicht kennen. Zeigen Sie das Bild also nur dem Erklärungsstarter. Bei der verschärften Form steht zwischen Sender und Empfänger noch eine Wand (Pinnwand), die jeglichen Blickkontakt verhindert.

Möchten Sie die Übung anschließend auswerten, hat sich eine Videoaufzeichnung der Erklärungsetappen bewährt. So haben auch diejenigen, die zuletzt hereingerufen wurden, die Gelegenheit, den ganzen Ablauf zu beobachten. Das zu beschreibende Bild ist bewusst gewählt. Es enthält einige Elemente, die mit Tabus, Vorurteilen und unterschiedlichen Assoziationen verknüpft sind.

Reflexion

Auswertfragen: »Welche Informationen sind verloren gegangen, dazu gekommen, verändert worden?«, »Welche ähnlichen Effekte kennst du aus deiner Berufspraxis?« bieten sich hier an.

Einsatz

Ideal für Kommunikations- und Präsentationsseminare. Haben Sie vorher ein Kommunikationsmodell vorgestellt, in dem es darum geht, Bilder und Gefühle in Worte zu fassen, beim Empfänger zu dekodieren und wieder Bilder im Kopf zu erzeugen, haben Sie mit dieser Übung ein schönes Beispiel, was dabei alles schief laufen kann. Einsatzmöglichkeit auch in Führungsseminaren zum Thema »Anweisungen geben« oder »Informationen weiterleiten«.

Hund zeichnen

Organisation

Art des Spiels:
o Kleines Zeichenexperiment mit Perspektivenwechsel und Aha-Erlebnis
o Kategorie A

Anzahl der Teilnehmer:
Praktisch beliebig. Sie können es mit 300 und mehr Teilnehmern gleichzeitig spielen. Natürlich auch mit 5 Personen.

Zeitbedarf:
15-20 Minuten plus eventuelle Reflexionszeit

Material:
o Blatt Papier oder Moderationskarte und Stift für jeden Teilnehmer
o »Musterhunde« auf Plakat oder Overheadfolie

Ablauf

Für diese Übung benötigt jeder Teilnehmer etwas zu schreiben. »Die Aufgabe ist es, einen Hund zu zeichnen.« Das ist schon alles. Jeder Teilnehmer skizziert einen Hund auf dem Bogen Papier.

Reflexion

Vor der Reflexionsphase steht hier die Auswertung. Es gilt festzustellen, in welcher Form der Hund gemalt wurde. Dafür gibt es tausend Möglichkeiten. Hier werden nur die Möglichkeiten der Perspektive unterschieden (und da noch nicht einmal alle Möglichkeiten). Zur Auswertung: Bereiten Sie große Plakate oder Overheadfolien vor mit Hunden aus verschieden Perspektiven. Die nebenstehenden Abbildungen können Sie als Anregung und Vorlage nutzen.

Erklären Sie die Vorgehensweise: »Ich möchte mit ihnen gemeinsam auswerten, wer von Ihnen den Hund aus welcher Perspektive gezeichnet hat. Hierfür habe ich einige schematische Perspektivenmuster vorbereitet. Diejenigen, die ihren Hund in der gleichen Perspektive gezeichnet haben, bitte ich um Handzeichen (alternativ: aufstehen).«

Jetzt zeigen Sie das erste Plakat, und zwar mit einer Hundedarstellung aus einer ungewöhnlichen Perspektive (von unten oder von hinten). So gehen Sie nach und nach die einzelnen Perspektiven durch. Als letztes Bild zeigen Sie den Hund von der Seite, der nach rechts schaut. Mit sehr hoher Wahrscheinlichkeit werden Sie hier die meisten Übereinstimmungen haben. Das ist das klassische Stereotyp eines Hundebildes. Zur Reflexion bieten sich Fragen an wie: »Warum haben Sie den Hund genau so gezeichnet?«, »Warum sind wir in unseren Vorstellungen so ausgerichtet?«

Einsatz

Wollen Sie, dass Ihre Teilnehmer einmal die Perspektive wechseln, eingefahrene Wege verlassen, querdenken und ungewöhnliche Ideen entwickeln, bietet diese Übung einen schönen Einstieg.

Einsatz in Kreativitätsseminaren, Workshops oder Brainstormingsitzungen.

Das Schöne an dieser Übung ist, dass Sie sie mit einer fast beliebig großen Anzahl von Teilnehmern durchführen können. Je mehr Teilnehmer Sie haben, desto eindrucksvoller ist die Wirkung, wenn fast alle Teilnehmer bei einer klassischen »Hundeperspektive« aufstehen oder sich melden.

Abschlussgeschichte

Organisation

Art des Spiels:
o Phantasiespiel
o Kategorie A

Anzahl der Teilnehmer:
Praktisch beliebig. Vorschlag: Nicht mehr als 20 Teilnehmer, da sonst jeder Einzelne zu wenig aktiv ist

Zeitbedarf:
5-15 Minuten pro Teilnehmer plus eventuelle Reflexionszeit

Material:
o Kein Material

Ablauf

Mit diesem Spiel können Sie eine Feedbackrunde gestalten oder einfach den Tag kreativ abschließen.

»Zum Abschluss des heutigen Tages werden wir uns eine Geschichte erzählen. Ich werde beginnen und dann mit einem Satzanfang den Faden einfach an den Nächsten weitergeben. Dieser spinnt die Geschichte weiter und gibt wieder mit einem Satzanfang an den Nächsten weiter. Wer möchte, kann Erfahrungen und Eindrücke des heutigen Tages einfließen lassen und/oder ihr lasst einfach euren Ideen freien Lauf. Es ist der Geschichte erlaubt, einen ungewöhnlichen und verrückten Verlauf zu nehmen.«

Beginnen Sie die Geschichte zum Beispiel so: »Als ich heute Morgen aufgestanden bin, war ich noch etwas verträumt. Als ich dann in der U-Bahn hierher fuhr, ist mir etwas ganz Seltsames passiert. Ich wollte gerade ...« Jetzt geben Sie einfach mit einer Handbewegung den Geschichtsfaden an den neben Ihnen sitzenden Teilnehmer weiter.

Reflexion

Primäres Ziel ist es, eine Feedback- oder Abschlussrunde in anderer Form zu gestalten.

Setzen Sie diese Übung in einem Präsentations- oder Rhetorikseminar ein, können Sie mit den Teilnehmern diskutieren, wie sie die Herausforderung erlebt haben, die Geschichte spontan weiterzuspinnen.

Einsatz

Diese Möglichkeit der Feedbackrunde ist zu jedem Seminarthema möglich.

Gut in Präsentations- und Rhetorikseminaren einzusetzen. Hier können Sie mit den Teilnehmern spontan reden oder das so genannte Sprechdenken trainieren.

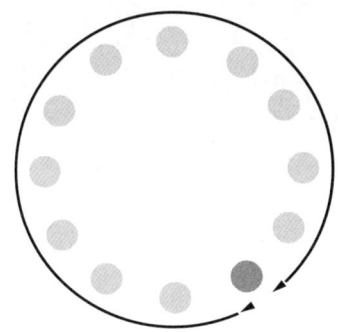

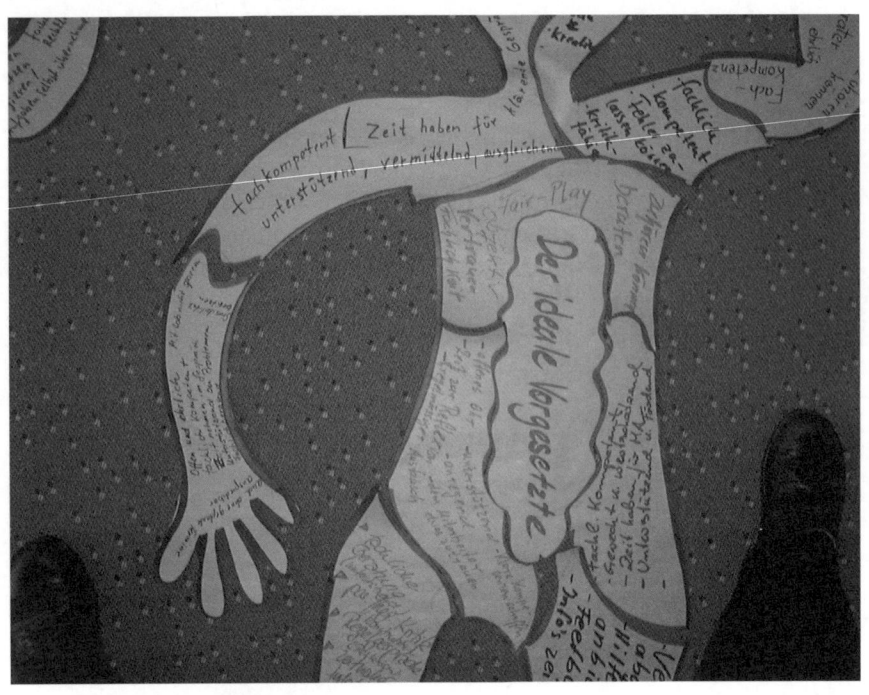

Puzzle Mensch

Organisation

Art des Spiels:
- Puzzlespiel mit Diskussionsauslöser
- Kategorie A-B

Anzahl der Teilnehmer:
Praktisch beliebig. Vorschlag: Nicht mehr als 20 Teilnehmer, da sonst jeder Einzelne zu wenig aktiv ist.

Zeitbedarf:
30-60 Minuten plus eventuelle Reflexionszeit

Material:
- Vorbereitetes Puzzle (so viele Teile wie Teilnehmer)
- Stift für jeden Teilnehmer

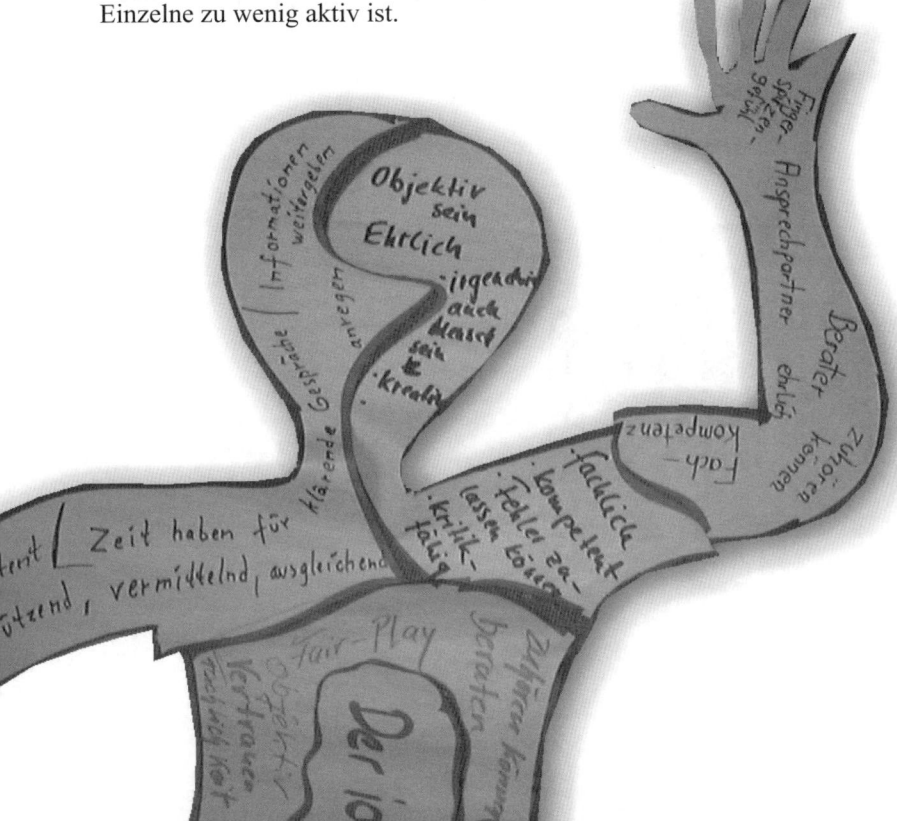

Ablauf

Bei diesem Spiel können Sie die Vorstellungen, Wünsche und Erwartungen der Teilnehmer an eine bestimmte Personengruppe abfragen und anschließend diskutieren.

Die Idee ist: »Wir basteln uns den idealen Mitarbeiter, Kollegen, Vorgesetzten, Dozenten, Teilnehmer, Kunden oder Verkäufer.«

Hierfür haben Sie ein Puzzle vorbereitet. Zeichnen Sie eine lebensgroße Figur auf ein großes Stück Papier (z.B. zwei aneinandergeklebte Pinnwandbögen). Schneiden Sie die Figur aus, und teilen Sie diese in so viele Puzzlestücke, wie Sie Teilnehmer haben. Tipp: Markieren Sie die Rückseite der Puzzleteile, damit nach dem Zerschneiden klar ist, welche Seite oben und welche unten ist.

Jeder Teilnehmer bekommt ein Puzzlestück und notiert darauf seine Idealvorstellung über die Personengruppe, über die Sie anschließend mit Ihren Teilnehmern diskutieren möchten.

Danach wird das Puzzle zusammengesetzt. Jeder Teilnehmer, der sein Stück einfügen kann, liest vor, was er notiert hat, und gibt eine kurze Erläuterung/Begründung dazu. Ist das Puzzle komplett, haben Sie eine interessante Grundlage für die Diskussion im Plenum.

Reflexion

Nachdem das Puzzle zusammengefügt ist, können Sie mit den Teilnehmern Fragen diskutieren wie: »Welche Übereinstimmungen/Unterschiede gibt es in den Vorstellungen?«, »In welcher Form ist dieses Idealbild zu erreichen?«, »Wer erfüllt wie diese Idealvorstellung?«

Einsatz

Wenn es um Seminarinhalte geht, bei denen erörtert werden soll, welche Vorstellungen, Erwartungen und Bilder zu unterschiedlichen Personengruppen bestehen. Durch das Puzzle haben Sie eine aktivierende Möglichkeit, Aussagen zusammenzutragen, in einer ansprechenden Form zu visualisieren und zu diskutieren.

Blindes Seil

Organisation

Art des Spiels:
- Interaktionsspiel
- Kategorie B-C

Anzahl der Teilnehmer:
Praktisch beliebig. Vorschlag: Nicht mehr als 20 Teilnehmer, da sonst jeder Einzelne zu wenig aktiv ist.

Zeitbedarf:
20-60 Minuten plus eventuelle Reflexionszeit

Material:
- Seil/Tau, 8-10 Meter
- Tücher, um die Augen zu verbinden
- Eventuell Kasten für die Brillen der Teilnehmer

Ablauf

Die Teilnehmer werden in Gruppen von vier bis sechs Personen aufgeteilt. Eine Gruppe beginnt und bekommt die Augen verbunden. Geben Sie den Teilnehmern das Seil in die Hand. Alle aus der Gruppe fassen also das Seil an einer beliebigen Stelle.

»Eure Aufgabe ist es, ein möglichst gleichmäßiges, klares Quadrat mit dem Seil auf den Boden zu legen. Ihr könnt euch verständigen, wie ihr wollt. Ihr könnt das Seil loslassen, aber nicht die Augenbinde lösen. Wenn ihr als Gruppe sagt, dass ihr fertig seid und alle zufrieden sind, werden wir euer Werk anschauen. Ihr bestimmt die Qualität.«

Die anderen Gruppen sind die Beobachter. Bitten Sie die sehenden Teilnehmer, mit aufzupassen, dass sich niemand stößt oder stolpert.

Entweder geben Sie den anderen Gruppen dieselbe Figur als Aufgabe vor, oder Sie machen verschiedene Durchläufe mit anderen Figuren: Kreis, Dreieck oder Firmenlogo.

Reflexion

Mögliche Auswertungsfragen: »Wie ist die Entscheidung in der Gruppe zu Stande gekommen?«, »Hat jemand dominiert?«, »Wurde ein Leiter ernannt?«, »Wie wurde der Qualitätsstandard bestimmt?«, »Wie warst du mit der tatsächlichen Form zufrieden?«

Häufig gibt es während des Ablaufes Diskussionen, ob man schon fertig ist oder nicht. Manche haben höhere Qualitätsansprüche als andere. Der Eine möchte möglichst schnell fertig werden, der Andere legt Wert darauf, nochmals alles zu kontrollieren. Interessant ist es auch zu diskutieren, wie sich die Absprache und Leitung entwickelt hat. Werden alle beteiligt? Im Prinzip könnte jemand allein die Form legen. Muss immer das ganze Team beteiligt sein? Wie fühlen sich die, die nicht beteiligt werden?

Einsatz

Das Spiel eignet sich zum Einsatz in Seminaren, in denen es um Führung, Teamarbeit und Qualität geht.

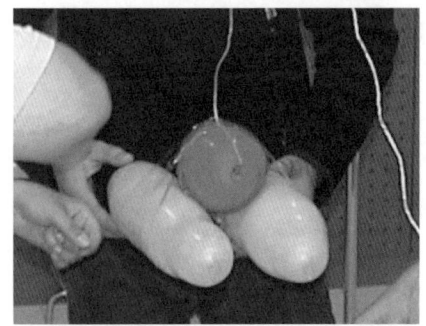

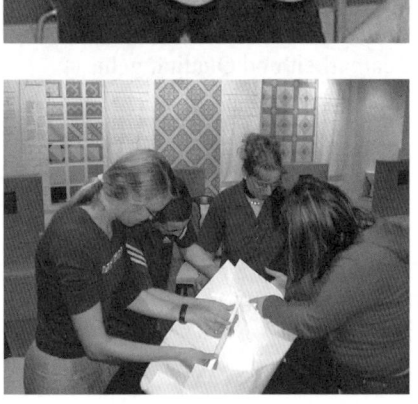

Können Eier fliegen?

Organisation

Art des Spiels:
o Interaktionsspiel mit kreativen Anforderungen
o Kategorie C

Anzahl der Teilnehmer:
Praktisch beliebig. Gruppen von 4 bis 7 Teilnehmern.

Zeitbedarf:
60-100 Minuten plus eventuelle Reflexionszeit

Material:
Für jede Gruppe:
o 1 Rolle Tesafilm/Kreppband
o 2-3 Luftballons
o 1 Flipchartbogen (großer Papierbogen)
o 1 Stück Schnur (2-3 Meter)
o 1 Schere
o 1 rohes Ei

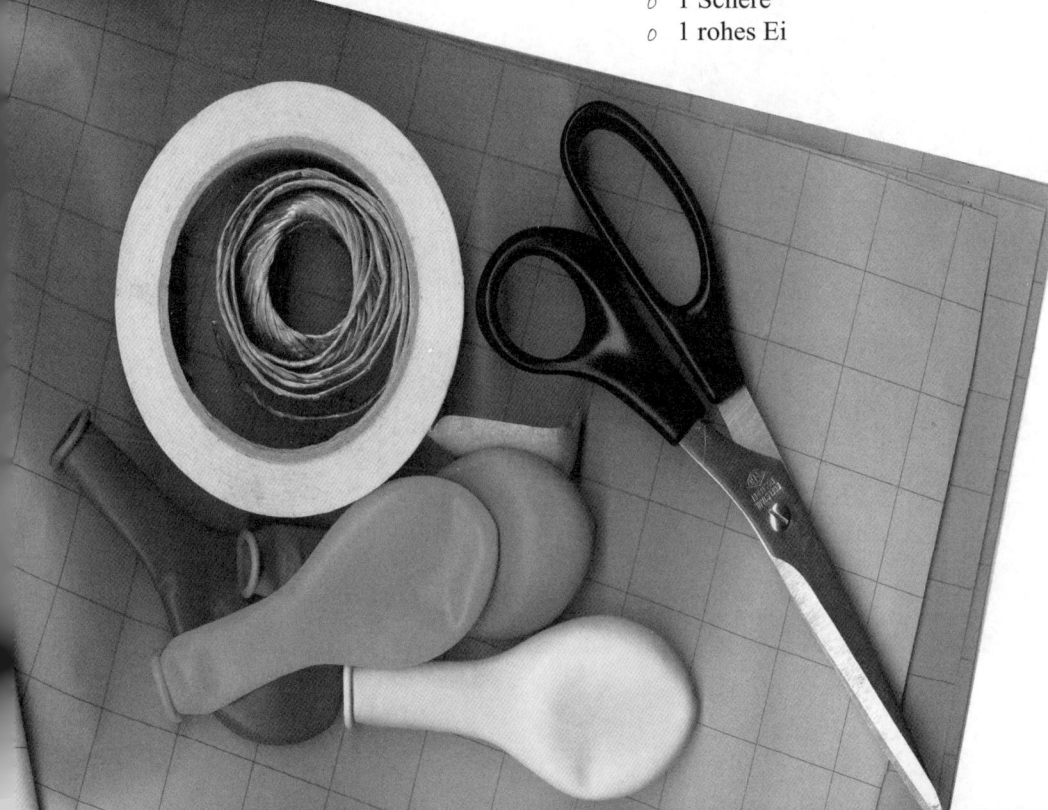

Ablauf

Die Übung müsste eigentlich korrekter »Können rohe Eier sicher landen?« heißen, denn es gilt nicht nur die Eier fliegen zu lassen, sie sollen auch sicher landen.

Teilen Sie Ihre Seminargruppe in Kleingruppen mit 4 bis 7 Teilnehmern. Jede Gruppe bekommt ein Sortiment an Materialien:
o Rolle Tesafilm/Kreppband
o 3-4 Luftballons
o Flipchartbogen
o Schnur
o Schere
und
o ein rohes Ei

Mit Hilfe dieser Materialien soll eine Konstruktion entworfen werden, die es ermöglicht, das rohe Ei aus einiger Höhe herunterfallen zu lassen, ohne dass es kaputt geht. Gehen Sie dazu ruhig in den vierten Stock. Vertrauen Sie Ihren Teilnehmern. Diese werden Konstruktionen erfinden, die eine sichere Eilandung aus weit über zehn Metern Höhe ermöglichen.

Zum Erfinden hat jede Gruppe 30 bis 45 Minuten Zeit. Schön ist es, wenn jede Gruppe einen ungestörten Ort zum Planen und Durchführen hat.

Der Start der Eier erfolgt in einer gemeinsamen Aktion.

Reflexion

Die primäre Auswertung dieser Übung liegt auf den gruppendynamischen Prozessen während der Planungs- und Bauphase. »Wie sind die Entscheidungen in der Gruppe zu Stande gekommen?«, »Wer hat welche Rolle eingenommen?«, »Welche Konflikte sind aufgetreten?«

Einsatz

Geeignet für Seminarthemen wie Kommunikation, Teamarbeit und Projektmanagement. Wenn Sie im Anschluss an die Übung ein gruppendynamisches Modell vorstellen, in dem z.B. einzelne Rollen, Phasen oder Verhaltensweisen thematisiert werden, haben Sie die noch frischen Erfahrungen der Teilnehmer für eine Diskussion zur Verfügung.

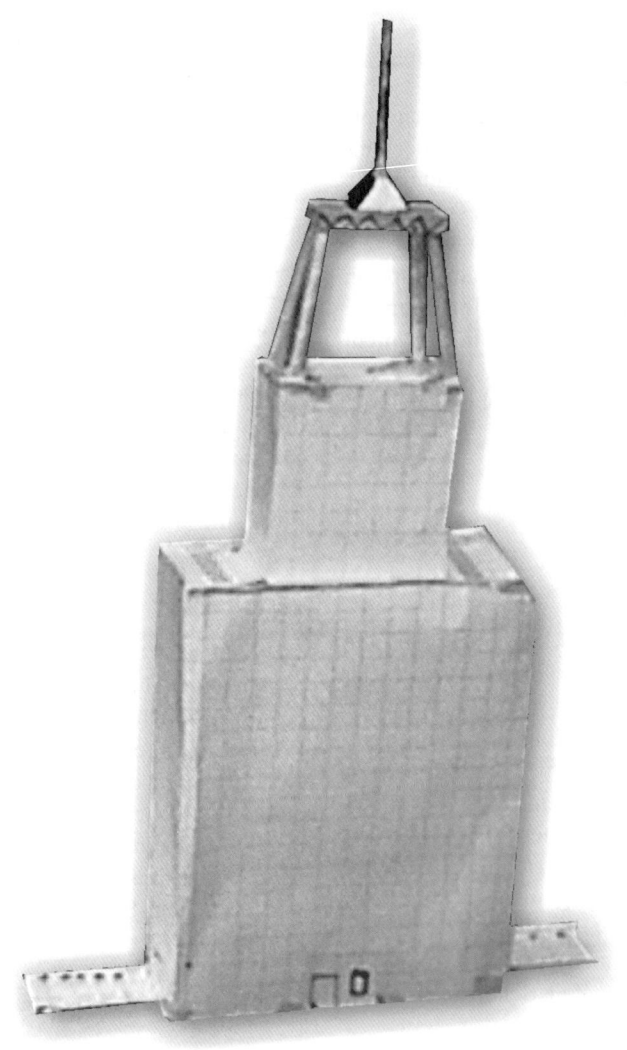

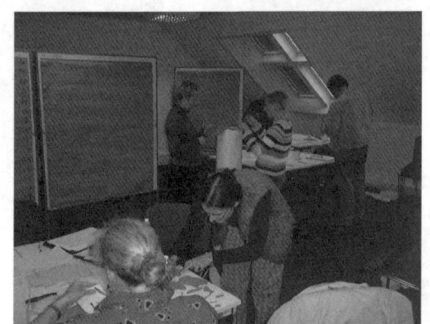

TURMBAU

ORGANISATION

ART DES SPIELS:
o Interaktionsspiel mit kreativen Anforderungen
o Kategorie C

ANZAHL DER TEILNEHMER:
Praktisch beliebig. Gruppen von 4 bis 7 Teilnehmern bilden.

ZEITBEDARF:
70-120 Minuten plus eventuelle Reflexionszeit

MATERIAL:
o 1 kleines Gewicht (z.B. Lineal)

Für jede Gruppe:
o 3 Flipchartbögen (großer Papierbogen)
o 10 Moderationskarten (kleine Kartonkarten)
o Klebemöglichkeit (Klebestift und/oder Kreppband)
o 1 Schere/Cutter

o Raumbedarf: mehrere Räume

ABLAUF

Teilen Sie Ihre Seminargruppe in Kleingruppen mit vier bis sieben Teilnehmern auf.

Die Aufgabe für jede Gruppe ist es, einen Turm zu bauen. Um den Ehrgeiz der Gruppen zu fördern, gibt es eine Belohnung für den besten Turm. Die Bewertungskriterien sind: Höhe, Standfestigkeit und Originalität.

Jede Gruppe bekommt ein Sortiment an Materialien:
o 3 Flipchartbögen (großer Papierbogen)
o 10 Moderationskarten (kleine Kartonkarten)
o Klebemöglichkeit (Klebestift und/oder Kreppband)
o 1 Schere/Cutter

Mit Hilfe dieser Materialien soll ein Turm gebaut werden, der alleine steht, das heißt nirgends aufgehängt oder angelehnt ist. Hierfür hat jede Gruppe 45 bis 60 Minuten Zeit. Schön ist es, wenn jede Gruppe einen ungestörten Ort zum Planen und Durchführen hat.

Nach der Bauzeit werden die Türme im Plenum präsentiert. Sie sind die Bewertungskommission, die die Punkte für die Höhe, Standfestigkeit und Originalität verteilt. Ich empfehle Ihnen, immer einen Gleichstand der Punkte zu erzeugen. Da die Originalität ein sehr subjektives Kriterium ist, können Sie die Punkte darüber ausgleichen. In diesem Spiel geht es nicht ums Gewinnen. Testen Sie die Standfestigkeit mit dem Lineal und verkünden Sie »feierlich« die Punktvergabe. Schön ist es, wenn Sie einen kleinen Preis für alle Gewinner (in diesem Fall für alle Teilnehmer) haben.

REFLEXION

Die primäre Auswertung dieser Übung liegt auf den gruppendynamischen Prozessen während der Planungs- und Bauphase. »Wie sind die Entscheidungen in der Gruppe zustande gekommen?«, »Wer hat welche Rolle eingenommen?«, »Welche Konflikte sind aufgetreten?«

EINSATZ

Geeignet für Seminarthemen wie Kommunikation, Teamarbeit und Projektmanagement. Es gibt knappe Ressourcen wie Material und Zeit. Wenn Sie im Anschluss an die Übung ein gruppendynamisches Modell vorstellen, in dem z.B. einzelne Rollen, Phasen oder Verhaltensweisen thematisiert werden, haben Sie die Erlebnisbasis der Teilnehmer für eine Diskussion zur Verfügung.

Turmbau mit Planern und Workern ...

Organisation

Art des Spiels:
- Interaktionsspiel mit kreativen und planerischen Anforderungen
- Kategorie C

Anzahl der Teilnehmer:
Praktisch beliebig. Gruppen von 6 bis 10 Teilnehmern.

Zeitbedarf:
100-130 Minuten plus eventuelle Reflexionszeit

Material:
- 1 kleines Gewicht (z.B. Lineal)

Für jede Gruppe zum Bauen:
- 3 Flipchartbögen (großer Papierbogen)
- 10 Moderationskarten (kleine Kartonkarten)
- Klebemöglichkeit (Klebestift und/oder Kreppband)
- 1 Schere/Cutter

Für jede Gruppe zum Präsentieren:
- Papier und Stifte
- Overheadfolien und Folienstifte

- Raumbedarf: mehrere Räume

Ablauf

Die Aufgabe für jede Gruppe ist es, einen Turm zu bauen. Um den Ehrgeiz der Gruppen zu fördern, gibt es eine Belohnung für den besten Turm. Die Bewertungskriterien sind: Höhe, Standfestigkeit und Originalität. Jede Gruppe bekommt ein Sortiment an Materialien:
- 3 Flipchartbögen (großer Papierbogen)
- 10 Moderationskarten (kleine Kartonkarten)
- Klebemöglichkeit (Klebestift und/oder Kreppband)
- 1 Schere/Cutter

Mit Hilfe dieser Materialien soll ein Turm gebaut werden, der alleine steht, das heißt nirgends aufgehängt oder angelehnt ist. Hierfür hat jede Gruppe 60 bis 80 Minuten Zeit. Schön ist es, wenn jede Gruppe einen ungestörten Ort zum Planen und Durchführen hat.

Jetzt kommt die Besonderheit. Die Kleingruppen werden nochmals in zwei Untergruppen mit drei bis fünf Teilnehmern geteilt. Eine Untergruppe bildet die Planer, die andere die Worker. Diese beiden Untergruppen befinden sich in verschiedenen Räumen. Es gibt also einen Workraum und einen Planungsraum. Alle kennen die Materialressourcen, aber nur die Worker haben das Material in ihrem Raum. Was ist nun die Aufgabe? Die Worker sollen einen Turm bauen, und zwar nach den Vorstellungen, Entwürfen und Plänen der Planer.

Bevor Sie die Turmaufgabe und die Bewertungskriterien erläutern, schikken Sie die Worker aus dem Raum. Nur die Planer erhalten diese Information.

Wie erfolgt die Kommunikation zwischen den Untergruppen der Planer und Worker? Es gibt einen dritten Ort, den Informationsübergabeort. Dort können sich ein Abgesandter

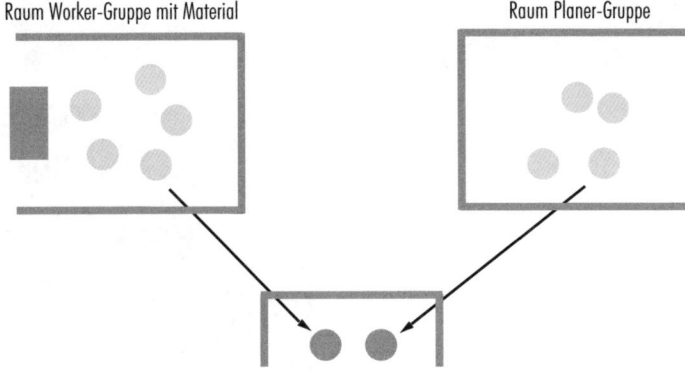
Treffpunkt: Abgesandter der Planer- und Worker-Gruppe

PLANER

PRÄSENTATION

WORKER

... Turmbau mit Planern und Workern

der Worker und ein Abgesandter der Planer so oft treffen, wie sie wollen. Ansonsten dürfen die Gruppen keinen Kontakt haben. Die Zeitpunkte der Treffen können flexibel gehandhabt, müssen aber vereinbart werden.

Die Planer haben außerdem die Aufgabe, eine Präsentation vorzubereiten: »Das ist unser Turmkonzept.«

Es geht los. Startzeit z.B. 10:00 Uhr. Für das erste Treffen der Planer und Worker gibt es einen festen Termin, und zwar zehn Minuten nach Start, in diesem Beispiel 10:10 Uhr. Die Planergruppe braucht diese Vorlaufzeit, um die ersten Schritte zu planen und sich über die Aufgabe klar zu werden. Die Worker trinken in der Zeit einen Kaffee. Alle anderen Treffpunkte nach diesem ersten müssen abgesprochen werden. Beispielsweise vereinbaren die Abgesandten der Planer und Worker das nächste Treffen in 15 Minuten, also 10:25 Uhr. Sie können sich so oft treffen, wie sie wollen. Bei der verschärften Form dürfen bei diesem Treffen nur mündliche Informationen weitergegeben werden. Bei der milderen sind auch Skizzen und Zeichnungen erlaubt. Vergisst eine Gruppe, einen neuen Treffzeitpunkt zu vereinbaren, hat sie eigentlich keine Möglichkeit mehr, in Kontakt zu treten. Seien Sie in diesem Fall großzügig und spielen den Boten für eine neue Treffzeit. Wenn die Gruppen nicht genau in der vorgegebenen Zeit fertig werden und kurz vor Bauabschluss stehen, geben Sie einfach eine kleine Zeitzugabe.

Nach der Bauzeit präsentieren zuerst die Planer ihre Konzepte, Vorstellungen und Ideen im Plenum. Danach werden die Türme besichtigt.

Sie sind die Bewertungskommission, die die Punkte für die Höhe, Standfestigkeit und Originalität verteilt. Ich empfehle Ihnen, immer einen Gleichstand der Punkte zu erzeugen. Da die Originalität ein sehr subjektives Kriterium ist, können Sie darüber die Punkte ausgleichen. In diesem Spiel geht es nicht ums Gewinnen. Testen Sie die Standfestigkeit mit dem Lineal und verkünden Sie »feierlich« die Punktvergabe. Schön ist es, wenn Sie einen kleinen Preis für alle Gewinner (in diesem Fall für alle Teilnehmer) haben.

Reflexion

Das Interessante an diesem Spiel ist es, wie sich die einzelnen Beteiligten in den unterschiedlichen Rollen gefühlt und verhalten haben. Natürlich können Sie die Zusammenarbeit in den Untergruppen reflektieren, aber das Besondere ist das Verhältnis der Planer- und Worker-Gruppe. »Wie hast du dich in deiner Rolle als Planer/Worker gefühlt?«, »Was hast du über diejenigen in der anderen Untergruppe gedacht?«, »Wie war die Zusammenarbeit?«, »Wie war der Informationsfluss? Einseitig? Nach beiden Seiten?«, »Wurden Ideen der anderen Gruppe aufgenommen? Erfragt?«, »Wie wurde sich an Absprachen und Vereinbarungen gehalten?«, »Wie wurde mit auftretenden Schwierigkeiten umgegangen?«, »Mit welchen Informationen wurde die WorkerGruppe versorgt?«, »Welche Parallele finden sie zu ihrer Arbeit?« Bei dieser Übung entsteht schnell ein »die da unten«- und »die da oben«-Denken. »Die« machen nicht, was wir vorgeben, und »die« haben keine Ahnung von der Praxis. Unterhaltsam ist immer die Präsentation der Ergebnisse, wenn die Worker-Gruppe erfährt, was sich die Planer gedacht haben und die Planer das Ergebnis der Worker-Gruppe sehen.

Einsatz

Geeignet für Seminarthemen wie Kommunikation, Teamarbeit und Projektmanagement. Gruppendynamische Modelle mit Rollenverhalten, Phasen oder Verhaltensweisen können thematisiert werden.

Sehr interessant bei Seminaren, in denen es um das Thema Führen, und hier speziell um Delegation, Informationsweitergabe und Führungsrolle geht. In einem geschützten Raum können sich die Teilnehmer sehr plastisch in die Rolle der Mitarbeiter hineinversetzen.

3-Wort-Geschichte

ORGANISATION

ART DES SPIELS:
o Lernspiel mit Anforderung an die Spontaneität
o Kategorie B

ANZAHL DER TEILNEHMER:
Praktisch beliebig. Vorschlag: Nicht mehr als 20 Teilnehmer, da sonst jeder Einzelne zu wenig aktiv ist.

ZEITBEDARF:
2-3 Minuten pro Teilnehmer plus eventuelle Reflexionszeit

MATERIAL:
o 3 kleine Karten und ein Stift für jeden Teilnehmer

ABLAUF

Hier sind hohe Anforderungen an die Spontaneität gestellt. Jeder Teilnehmer bekommt drei kleine Kärtchen mit der Aufgabe, auf jede Karte einen Begriff (ein Hauptwort) zu schreiben. Auch ungewöhnliche Begriffe sind erwünscht (nur keine Fachausdrücke, die keiner kennt).

Sind die Teilnehmer fertig, sammeln Sie die Karten ein. Gut durchmischen. Jetzt darf jeder Teilnehmer drei Karten ziehen.

Was ist die Aufgabe? Jeder Teilnehmer darf einen kurzen einminütigen Kurzvortrag halten. Spontan, ohne Vorbereitung. Die Herausforderung besteht darin, dass in dieser Kurzpräsentation die drei gezogenen Wörter vorkommen sollen. Die Geschichte mit den drei Wörtern darf verrückt und phantasievoll sein.

REFLEXION

Als Auswertungsfragen bieten sich an: »Wie hast du deine Präsentation erlebt?«, »Was ist dir bei den anderen aufgefallen?«, »Wie hast du das Lampenfieber erlebt?«, »Was hast du als einfach/schwierig erlebt?« Wenn Sie in einem Präsentationsseminar gerade die Themen Körpersprache oder Sprechdynamik behandeln, können Sie auch bestimmte Beobachtungsaufträge an die Teilnehmer vergeben. Das heißt, dass auf bestimmte Elemente der Körpersprache oder des Ausdrucks geachtet werden soll.

EINSATZ

Klassisch in Präsentations- und Rhetorikseminaren einzusetzen. Hier können Sie mit den Teilnehmern spontan reden oder das so genannte Sprechdenken trainieren.

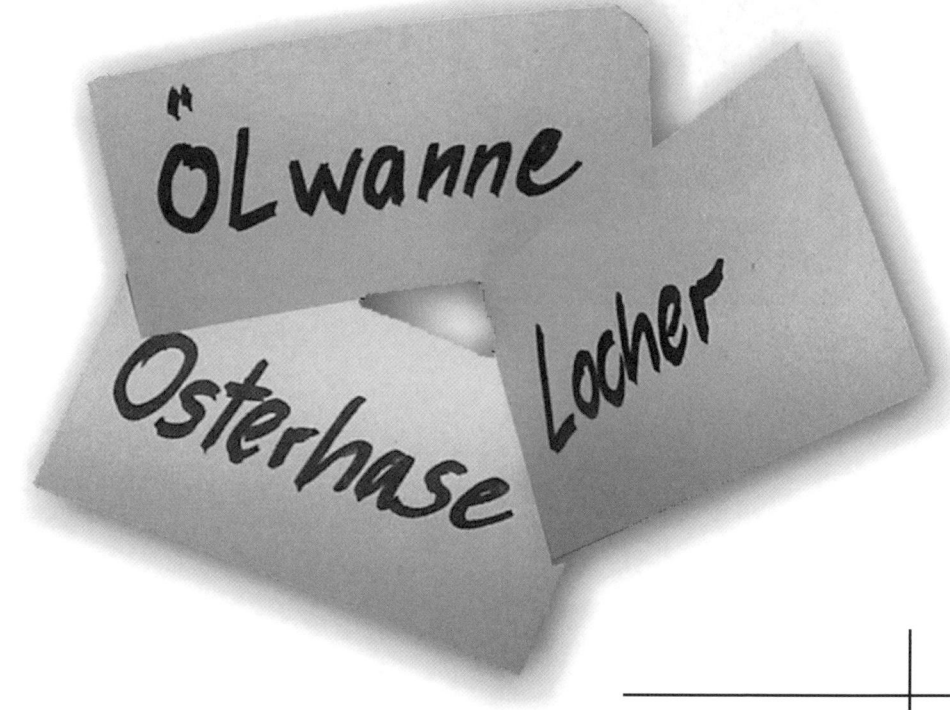

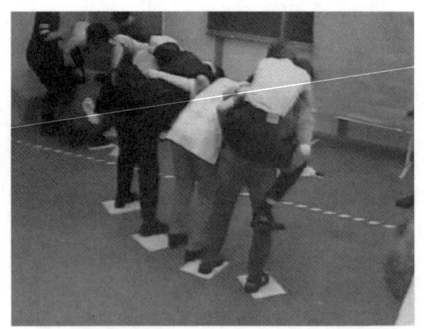
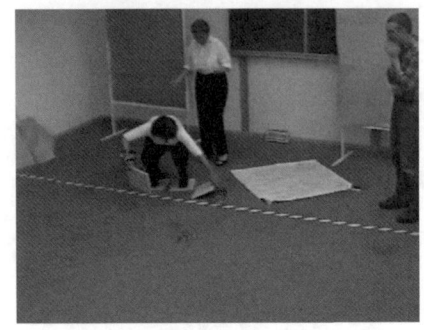

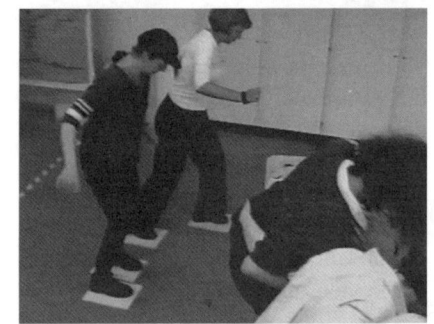

SÄUREFLUSS

ORGANISATION

ART DES SPIELS:
- Interaktionsspiel mit Aktion
- Kategorie C

ANZAHL DER TEILNEHMER:
Praktisch beliebig. Teams mit 6 bis 10 Teilnehmern.

ZEITBEDARF:
30-45 Minuten plus eventuelle Reflexionszeit

MATERIAL:
- Bretter/Pappen (ca. 30x13 cm), Anzahl: Für jeden zweiten Teilnehmer ein Brett
- freier Raum
- Eventuell Band/Seil zur Start- und Ziellinienmarkierung

ABLAUF

Entwerfen Sie als Spielanregung folgendes Szenario für die Teilnehmer: »Es ist ein Chemieunfall passiert und ein Säurefluss entstanden. Sie haben jetzt keine geringere Aufgabe, als die Menschheit zu retten und diesen Fluss zu stoppen. Dies geht aber nur, wenn Sie mit ihrem gesamten Team den Fluss überqueren. Da es ein Säurefluss ist, können Sie nicht einfach hindurchwaten. Für die Überquerung haben Sie säurefeste Bretter. Mit Hilfe dieser Bretter können Sie auf die andere Seite gelangen. Die Regeln: Sie dürfen sich nur auf den Brettern bewegen, das heißt keine Fläche neben den Brettern betreten oder berühren. Alle Bretter müssen, sobald sie im Fluss sind, zu jeder Zeit festgehalten werden, sonst werden sie von der Strömung weggetragen und sind verloren. Und die Zeit drängt. Das Ganze muss möglichst schnell passieren.«

Die Aufgabe ist es, dass die Teams auf den Brettern wie auf kleinen Inseln von einer Seite auf die andere gelangen. Sobald zu einem Brett der Kontakt verloren ist, nehmen Sie es einfach heraus (wurde weggespült). Wenn ein Gruppenmitglied das Brett also vor sich in den Fluss wirft und sich nicht im selben Moment darauf stellt (oder es mit der Hand festhält), ist es schon verloren. Oder ein Teammitglied geht von einem Brett auf das nächste, ohne das hintere zu sichern oder aus dem Fluss zu nehmen, so ist es auch weg. So weit die Regeln. Zum Ablauf: Markieren Sie zwei Linien auf den Boden (mit Klebeband oder Seil). Diese Linien sind die Uferseiten des Flusses und sollten weit auseinander liegen. Wenn Sie das Spiel im Freien durchführen, können die Ufer bis zu 20 Meter auseinander liegen. Wenn Sie in einem Raum spielen, nutzen Sie die ganze Raumbreite mit einem kleinen Uferrand auf jeder Seite.

Teilen Sie die Gesamtgruppe in kleinere Teams à sechs bis zehn Teilnehmer auf. Jedes Team bekommt halb so viele Bretter wie Teammitglieder. Bevor es losgeht, können die Teams zehn Minuten trainieren und ihre Strategie absprechen. Wenn Sie zwei und mehr Teams bilden, haben Sie eine schöne Wettbewerbssituation. Wer rettet zuerst die Welt? Alle Teams starten gleichzeitig am Nordufer und müssen das Südufer erreichen. Sie achten darauf, dass immer alle Bretter festgehalten werden. Wird ein Brett verloren, nehmen Sie es aus dem Spiel. Schön ist es, wenn am Südufer für alle eine kleine Belohnung/Überraschung bereitsteht.

REFLEXION

Mögliche Auswertung: »Wie ist der Absprachprozess gelaufen?«, »Wie wurde sich an die Absprachen gehalten?«, »Wie ist auf den Verlust von Brettern reagiert worden?«, »Wie reagiert die Gruppe auf Situationen, die nicht abgesprochen wurden?«, »Wer übernimmt welche Position/Rolle?«, »Welche Parallelen gab es zu ihrer Arbeit im Team/Projektgruppe?«

EINSATZ

Für Seminare, bei denen es um Zusammenarbeit, Absprache, Kommunikation, Planung, Führung, Leitung und/oder Teamentwicklung geht.

Das Spiel bringt sehr viel Aktion und Spaß. Die Teilnehmer sollten sich schon etwas kennen, da die Übung in der Regel nur mit Körperkontakt zu lösen ist.

NASA-Experiment

Stellen Sie sich vor, Sie sind mit einer Gruppe in einer Mondfähre auf dem Mond notgelandet. Viele Dinge sind zu Bruch gegangen. Eigentlich sollten Sie das Mutterschiff treffen, das sich 200 Kilometer entfernt auf der hellen, der Sonne zugewandten Seite des Mondes befindet. Die Überlebenschance für Ihre Mannschaft hängt davon ab, ob sie das Mutterschiff erreicht. Von Ihrer Ausrüstung sind 15 Gegenstände unzerstört geblieben. Die Aufgabe ist jetzt, diese 15 Ausrüstungsgegenstände in eine Wichtigkeitsreihenfolge für die Überwindung der 200 Kilometer bis zum Standort des Mutterschiffes zu bringen. Der wichtigste Ausrüstungsgegenstand bekommt die Nummer 1, der unwichtigste die Nummer 15.

Ausrüstungsgegenstände	Rangfolge
Streichhölzer	
Lebensmittelkonzentrat	
50 Meter Nylonseil	
Fallschirmseide	
Kocher	
2 Pistolen mit Munition	
Trockenmilch	
7 Sauerstoffflaschen	
Stellar-Atlas (Mondkonstellation)	
Sich selbst aufblasendes Lebensrettungsfloß	
Magnetkompass	
40 Liter Wasser	
Signalleuchtkugeln	
Erste-Hilfe-Koffer mit Injektionsnadeln	
Mit Sonnenenergie angetriebener UKW-Sender/-Empfänger	

NASA-Experiment ...

Organisation

Art des Spiels:
- Interaktionsspiel mit Auswertmöglichkeit
- Kategorie C

Anzahl der Teilnehmer:
Praktisch beliebig. Teams mit 5 bis 8 Teilnehmern.

Zeitbedarf:
50-80 Minuten plus Auswertung und eventuelle Reflexionszeit

Material:
- Kopien Aufgabenzettel
  1x für jeden Teilnehmer
  1x für jedes Team
- Kopien Auswertungsbogen
  1x für jeden Teilnehmer

Ablauf

Entwerfen Sie folgendes Szenario für Ihre Teilnehmer: »Stellt euch vor, ihr seid mit einer Gruppe auf dem Mond notgelandet. Viele Dinge sind zu Bruch gegangen. Eigentlich solltet ihr das Mutterschiff treffen, das sich 200 Kilometer entfernt auf der hellen, der Sonne zugewandten Seite des Mondes befindet. Die Überlebenschance für deine Mannschaft hängt davon ab, ob sie das Mutterschiff erreicht. Von eurer Ausrüstung sind nur 15 Gegenstände unzerstört geblieben. Die Aufgabe ist es, diese 15 Ausrüstungsgegenstände in eine Wichtigkeitsreihenfolge für die Überwindung der 200 Kilometer bis zum Standort des Mutterschiffes zu bringen.«

Diese 15 Ausrüstungsgegenstände sehen Sie in der nebenstehenden Liste. Die Teilnehmer sollen also entscheiden, welcher Gegenstand am wichtigsten ist, welcher am nächstwichtigsten usw. bis zum unwichtigsten Gegenstand. Der wichtigste Ausrüstungsgegenstand bekommt die Nummer 1, der unwichtigste die Nummer 15.

Häufig entsteht hier die Frage bei den Teilnehmern, ob alle Gegenstände auf die 200-Kilometerreise mitgenommen werden müssen. Manche möchte man vielleicht am liebsten im Mondstaub zurücklassen, um sich nicht mit unnützem Ballast zu beschweren. Diese Frage ist bei der Bestimmung der Wichtigkeitsreihenfolge noch nicht relevant. Es soll zuerst entschieden werden, welche Ausrüstungsgegenstände für die Überwindung der Strecke wichtiger und weniger wichtig sind. Alle Gegenstände sollen in eine Reihenfolge gebracht werden.

Die andere Frage, die häufig gestellt wird, ist: »Wir sind doch keine Weltraumexperten. Darüber haben wir doch gar kein Expertenwissen. Woher sollen wir wissen, was man auf dem Mond braucht oder nicht.« Dass keiner der Experte ist, stellt einen Bestandteil der Übung dar. Die Teilnehmer sollen die Aufgabe mit ihrem Wissen und ihrer Erfahrung lösen. Auch in anderen Situationen müssen wir manchmal entscheiden, ohne die absoluten Experten zu sein. Wir entscheiden aufgrund der jeweiligen Erfahrung, die wir haben. So ist es auch in dieser Übung.

Das Spiel verläuft in zwei Phasen.

1. Phase: Lösung der Aufgabe in einer Einzelaufgabe.

Jeder Teilnehmer bekommt die nebenstehende Aufgabe und Liste mit den Ausrüstungsgegenständen. Erläutern Sie die Notlagesituation und die Aufgabe, die Gegenstände in eine Reihenfolge zu bringen. Jeder Teilnehmer soll allein und unbeeinflusst von den Anderen entscheiden. Jeder sollte sich überlegen, warum er gerade diese Reihenfolge gewählt hat. In der Regel dauert diese Phase der Einzelentscheidungen nicht länger als zehn Minuten.

2. Phase: Lösung der Aufgabe in der Gruppe.

Bilden Sie Teams von fünf bis acht Teilnehmern. Nachdem die Teilnehmer ihre persönliche Rangfolge festgelegt haben, sollen die Teams möglichst einstimmig eine Rangfolge festlegen. Die Entscheidungen sollen also möglichst im Gruppenkonsens gefällt werden. Die Beteiligten sollen einer Reihenfolge nur zustimmen, wenn sie von der Richtigkeit überzeugt sind. Mehrheitsentscheidungen/Abstimmungen gilt es zu vermeiden. Für diese Phase sollten Sie den Teams 30 bis 60 Minuten Zeit geben.

Reflexion

Vor der Reflexionsphase steht hier die Auswertung. Und zwar gibt es eine »Musterlösung«, entwickelt von NASA-Experten. Über diese Lösung ließe sich sicherlich noch diskutieren. Das tun wir im Rahmen dieser Übung aber nicht. Um das Spiel auszuwerten, erkennen wir die NASA-Lösung als die »richtige« Lösung an. Wobei es natürlich keine richtige Lösung gibt.

NASA-Experiment: Auswertungsbogen

	Rangfolge und Kurzbegründung der »NASA-Experten«		Einzel-entscheidung	Abweichung zur »Musterlösung«	Gruppen-entscheidung	Abweichung zur »Musterlösung«
15	Streichhölzer	Wenig oder kein Nutzen auf dem Mond				
4	Lebensmittelkonzentrat	Wichtig für den täglichen Nahrungsbedarf				
6	50 Meter Nylonseil	Nützlich, um Verletzte zu leiten und zum Klettern				
8	Fallschirmseide	Sonnenschutz				
13	Kocher	Nur auf der dunklen Seite notwendig				
11	2 Pistolen mit Munition	Mit den Pistolen können Antriebsversuche gemacht werden (Rückstoß)				
12	Trockenmilch	Nahrung, mit Wasser gemischt trinkbar				
1	7 Sauerstoffflaschen	Zum Atmen notwendig				
3	Stellar-Atlas (Mondkonstellation)	Eines der wichtigsten Hilfsmittel, um die Richtung zu bestimmen				
9	Sich selbst aufblasendes Lebensrettungsfloß	CO_2-Flaschen (zum Aufblasen des Floßes) als Antrieb nutzen				
14	Magnetkompass	Kein polarisiertes Magnetfeld auf dem Mond, daher wenig/kein Nutzen				
2	40 Liter Wasser	Ersetzt Flüssigkeitsverlust				
10	Signalleuchtkugeln	Notsignal, wenn man in Sichtweite ist				
7	Erste-Hilfe-Koffer mit Injektionsnadeln	Wertvolle Tabletten oder Injektionen				
5	Mit Sonnenenergie angetriebener UKW-Sender/-Empfänger	Notsignal, vielleicht ist Kommunikation mit Mutterschiff möglich				

SUMME DER ABWEICHUNGEN EINZEL: ☐   GRUPPE: ☐

... NASA-Experiment

Die NASA-Lösung fungiert hier als die in dieser Übung akzeptierte Ideallösung. Jetzt lässt sich feststellen: »Wie nah (oder wie fern) ist die Lösung der Teilnehmer dieser Ideallösung?« Dafür nutzen Sie nebenstehenden Auswertungsbogen. Jeder Teilnehmer erhält einen Bogen zur Auswertung. In Spalte 1 stehen die Musterlösungen der NASA-Experten. In Spalte 2 kommen die Einzelentscheidungen des Teilnehmers. In Spalte 3 werden die Abweichungen von der NASA-Lösung errechnet. Und zwar immer als positiver Wert, egal ob es eine Abweichung nach unten oder nach oben gibt. Entspricht die Teilnehmerlösung der Ideallösung, ist die Abweichung »null«. Die Summe der Abweichungen gilt als Wert dafür, wie nah man mit seiner Einzellösung an die NASA-Lösung heranreicht.

Parallel dazu errechnet sich die Abweichung der Teamlösung. In Spalte 4 kommt die Reihenfolge der Gruppenentscheidungen und in Spalte 5 die Abweichung. Auch diese Abweichungen werden addiert.

Je niedriger die Summe der Abweichungen, desto näher ist das Teamergebnis an der NASA-Lösung.

Man kann nun feststellen, ob die Einzelentscheidungen im Sinne der Musterlösung »näher« oder »weiter weg« sind. In verblüffender oder erwarteter Weise liegen die Gruppenentscheidungen fast immer näher an der Musterlösung als die Einzelentscheidungen. Aber nicht garantiert. Wenn Sie diese Übung als Experiment ankündigen, gibt es in dieser Phase keine falschen oder richtigen Resultate.

Zum einen können Sie in der Reflexionsphase das gesamte Thema der Zusammenarbeit im Team diskutieren. »Wie sind Sie in Ihrer Gruppe bei der Lösungsfindung vorgegangen?«, »Wie haben Sie die Diskussion in der Gruppe erlebt?«, »Wie ist es Ihnen gelungen, zu einem Ergebnis zu kommen?«, »Wie waren die Gruppenmitglieder beteiligt?«

Zum anderen sollten Sie ein spezielles Augenmerk auf die Erörterung der Ergebnisse aus der Auswertung richten.

»Warum waren die meisten Gruppenergebnisse näher an der Ideallösung als die Einzelergebnisse?« (wenn dem so war, und es wird sehr wahrscheinlich so sein), »Wie war der Zeitaufwand für die einzelnen Entscheidungsphasen?«, »Wie ist der Einigungsprozess gelaufen?«

Wenn Einzelergebnisse deutlich näher an der NASA-Lösung liegen als das Teamergebnis, sind folgende Fragen interessant: »Warum ist dieser Effekt aufgetreten?«, »Was hat den Teilnehmer von der Gruppenreihenfolge überzeugt?«, »Welche Argumente sind wie ausgetauscht worden?«

Insgesamt geht es bei dieser Übung um die Sinnhaftigkeit von Teamentscheidungen: »Wann ist Teamarbeit sinnvoll? Wann sind Einzelentscheidungen sinnvoll?«, »Wann und wo lohnt sich der erhöhte Zeitaufwand für eine Teamentscheidung?«

Mit dieser Übung können Sie experimentell die These überprüfen: »Viele wissen immer mehr als einer.«

Die »besseren« Teamlösungen entstehen meist dadurch, dass sich die Erfahrungswelten der einzelnen Mitglieder überlagern und sich bei einer diskursiven Entscheidungsfindung die »richtige« Lösung durchsetzt. Aber dies ist eben nicht immer so.

Einsatz

Durch die Auswertung bietet sich diese Übung für Seminare an, in denen es um Teamarbeit geht. Soll zum Beispiel Teamarbeit eingeführt werden, kann dieses Experiment Einsichten in die Wirksamkeit von Teamarbeit und Teamentscheidungen eröffnen.

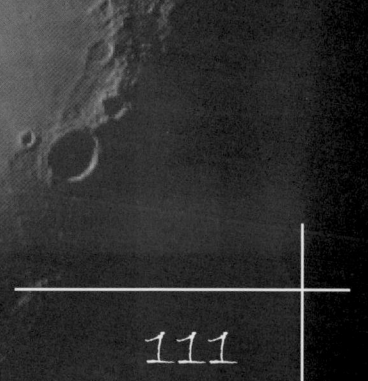

9-Punkte-Problem

Aufgabe: »Die neun Punkte sollen durch gerade Striche verbunden werden, ohne dass der Stift abgesetzt wird. Ziel: Dies ist mit möglichst wenig Strichen zu bewerkstelligen.«

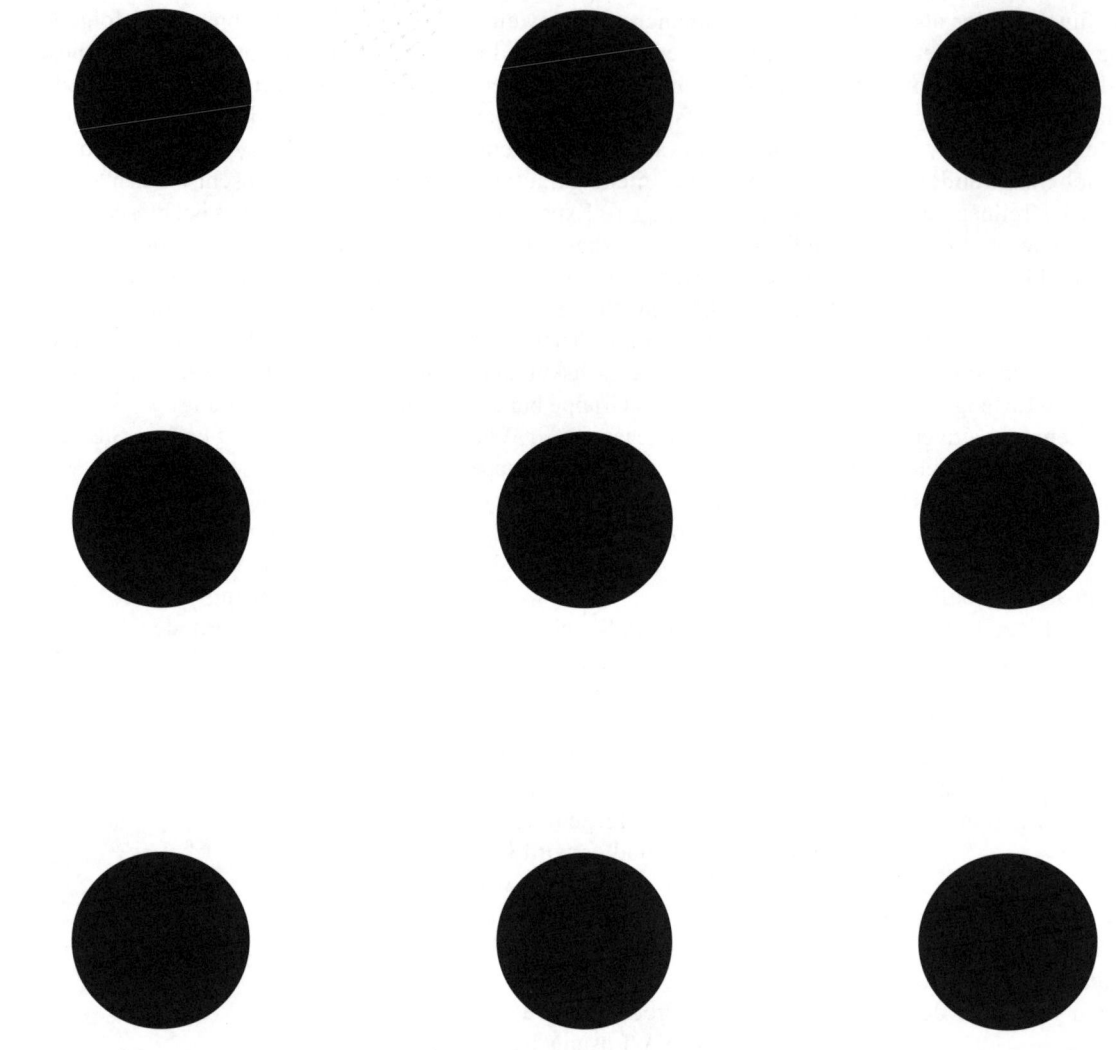

9-Punkte-Problem ...

Organisation

Art des Spiels:
- Kreatives Spiel mit überraschenden Lösungen
- Kategorie A-B

Anzahl der Teilnehmer:
Praktisch beliebig. Wenn die Ergebnisse reflektiert werden sollen, besser nicht mehr als 20 Teilnehmer, da sonst jeder Einzelne zu wenig aktiv ist.

Zeitbedarf:
10 bis 30 Minuten

Material:
- Je ein Aufgabenzettel pro Teilnehmer mit den 9 Punkten
- Jeder Teilnehmer benötigt einen Stift

Ablauf

Diese Kreativitätsübung ist relativ bekannt. Trotzdem bietet sie einige Lösungen, die für die meisten noch überraschend sind.

Jeder Teilnehmer erhält ein Blatt mit neun Punkten (siehe nebenstehende Kopiervorlage). Die Aufgabe: »Die neun Punkte sollen mit geraden Strichen verbunden werden, ohne dass der Stift abgesetzt wird. Ziel: Dies ist mit möglichst wenig Strichen zu bewerkstelligen.«

Von der 5-Strich-Lösung gibt es sehr viele Varianten. Hier ist eine davon:

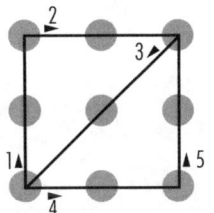

Fordern Sie Ihre Teilnehmer heraus. Es gibt eine 4-Strich-Lösung. Die Denkblockade, die dabei überwunden werden muss, ist, dass die Striche innerhalb des gedachten 9-Punkte-Quadrates bleiben müssen. Zeichnen sie darüber hinaus, ergibt sich die Lösung:

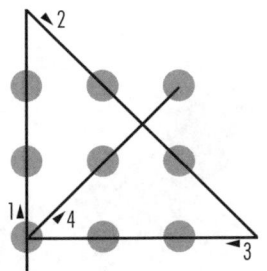

Es stellt sich eine neue Herausforderung. Gibt es eine 3-Strich-Lösung? Und welche Denkblockade muss dazu überwunden werden?

Überlegen Sie zuerst selbst. Erst dann die Lösungen auf der nächsten Seite anschauen.

Mehr Lösungen auf der nächsten Seite. Bitte noch nicht umblättern.

Entscheiden Sie selbst, ob Sie die Lösungen gleich anschauen oder erst selbst ein wenig rätseln wollen.

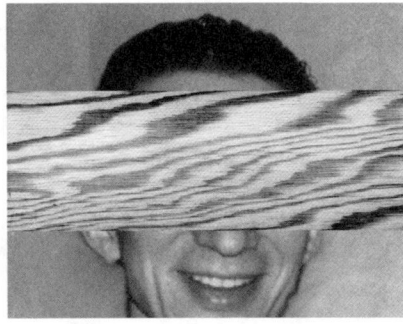

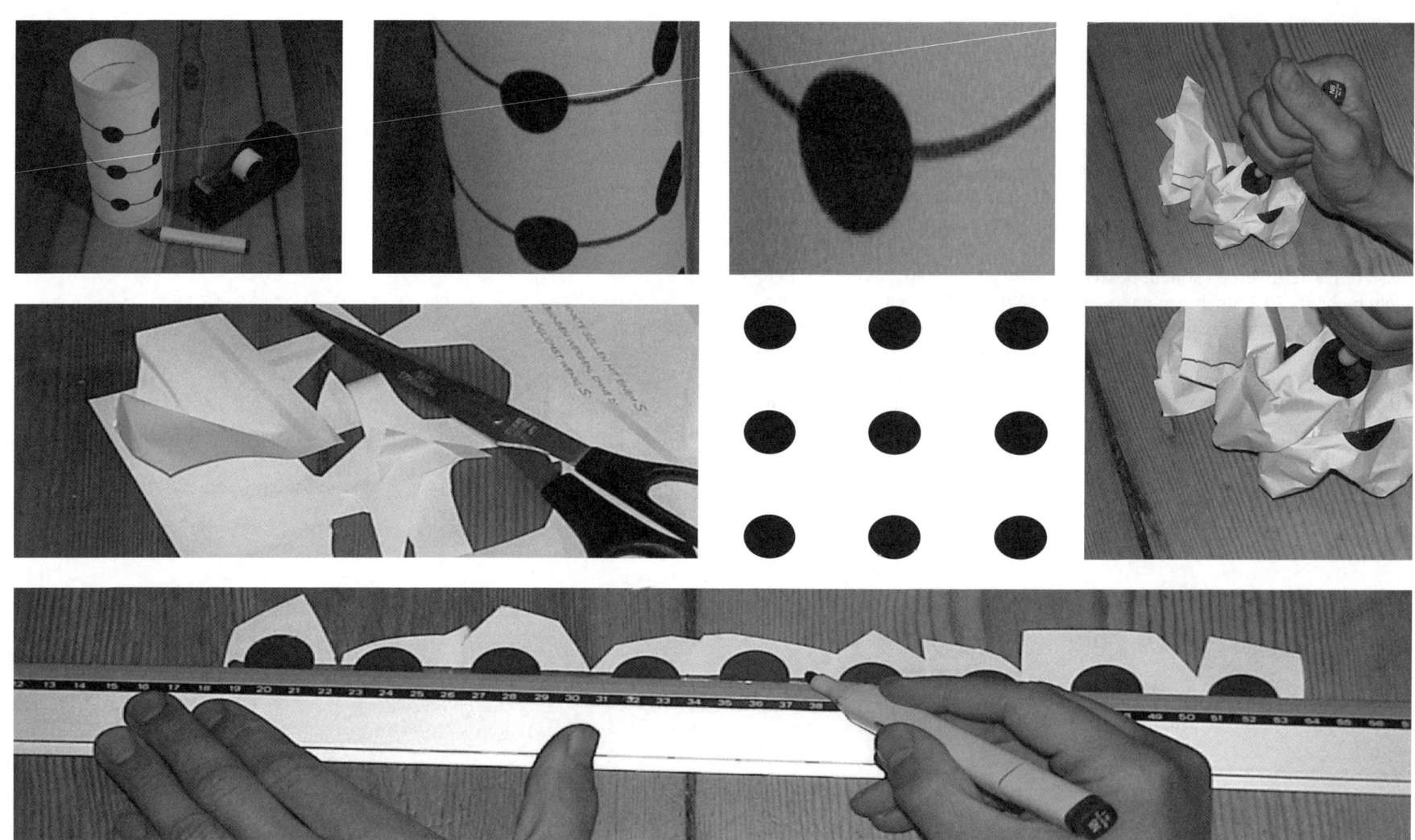

... 9-Punkte-Lösungen

Und tatsächlich. Ist die Denkblockade überwunden, dass der Strich durch die Mitte der Punkte gehen muss, zeigt sich die Lösung:

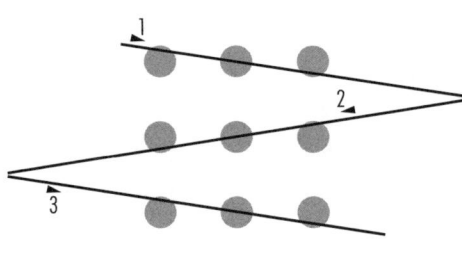

Um die Denkblockade völlig aufzulösen, bietet sich die Herausforderung der 1-Strich-Lösungen. Und davon gibt es verblüffenderweise zahlreiche. Sie werden sehen, ist das Brett vor dem Kopf erst verschwunden, fallen Ihren Teilnehmern einige 1-Strich-Lösungen ein. Hier eine kleine Auswahl meiner Lieblingslösungen:

Mit die schönste Lösung ist, mit einem dicken Stift einfach alle neun Punkte auf einmal zu verbinden (Denkblockade: »Ich muss den Stift nehmen, den ich in der Hand habe«).

Andere Ein-Strich-Lösungen: Den Strich bei den ersten drei Punkten diagonal ansetzen wie bei der 3-Strichlösung und den Strich weiterführen und zwar einmal um die ganze Welt, die nächsten drei Punkte verbinden, noch einmal um die Welt und alle neun Punkte sind mit einem Strich verbunden. (Denkblockade: »Ich muss auf dem Blatt Papier bleiben«).

Die nicht so weitläufige Alternative ist, das Blatt zu einer Röhre zu rollen und den schräg durch die Punkte führenden Strich außen herumlaufen zu lassen (Denkblockade: »Das Blatt Papier muss flach auf dem Tisch liegen bleiben«).

Und dann gibt es noch die destruktive Variante. Das Blatt mit den neun Punkten zerknüllen und solange mit dem Bleistift darauf einstechen bis

ich durch Zufall alle neun Punkte auf einmal getroffen habe (Denkblockade: »Ich darf die Punkte nicht übereinander liegend durch das Papier verbinden. Ich muss ästhetisch sein. Es muss gleich klappen und nachvollziehbar sein«).

Wie wäre es mit dem Falten des Bogens, so dass alle Punkte auf einer Linie nebeneinander liegen? Oder einfach die Punkte ausschneiden und neu aufkleben?

Reflexion

»Was hindert dich sonst an kreativen Einfällen?«, »Welche Denkblockaden kennst du aus anderen Situationen?«, »Warum kann man sich so schwer von vorgegebenen Denkschienen lösen?« wären klassische Reflexionsfragen nach dieser Übung.

Einsatz

Einsatz in allen Seminaren und Workshops, in denen es um das Thema Kreativität und Überwindung von Denkblockaden geht.

Sollen Ihre Teilnehmer Ideen entwickeln, querdenken und vorgegebene Pfade verlassen, ist das 9-Punkte-Problem ein schöner Einstieg.

In Zeitmanagementseminaren gibt es häufig eine Diskussion darüber, dass die Teilnehmer die Ideen zum Zeitmanagement ja sehr gut finden, aber meinen, sie in ihrem Arbeitsumfeld nicht einsetzen zu können. Die Rahmenbedingungen würden eine Veränderung oder andere Lösungen nicht zulassen. Die 9-Punkte-Übung zeigt beispielhaft, dass es sehr wohl möglich ist, bei vorgegebenen Bedingungen neue und unerwartete Lösungswege zu finden, wenn die üblichen Denkschienen verlassen werden. Dies geht nicht ohne Energie und kreative Ideen. Aber es ist möglich.

Wie weit ist es von A nach B?	Ein Dar sind 10 Wors.
Es ist 6 Lutts von A nach B.	Was ist ein Wor?
Wie weit ist es von B nach C?	Ein Wor hat 5 Mirs.
Es ist 8 Lutts von B nach C.	Was ist ein Mir?
Wie weit ist es von C nach D?	Ein Mir ist eine Zeiteinheit.
Es ist 48 Lutts von C nach D.	Wieviel Mirs hat eine Stunde?
Wie gross ist ein Lutt?	Eine Stunde hat 2 Mirs.
Ein Lutt hat 10 Mipps.	Wie schnell fährt der Mann von A nach B?
Was ist ein Mipp?	Der Mann fährt von A nach B mit einer Geschwindigkeit von 24 Lutts per Wor.
Ein Mipp ist ein Längenmass.	Wie schnell fährt der Mann von B nach C?
Wieviel Mipps hat ein Kilometer?	Der Mann fährt von B nach C mit einer Geschwindigkeit von 32 Lutts per Wor.
Ein Kilometer hat 2 Mipps.	Wie schnell fährt der Mann von C nach D?
Was ist ein Dar?	Der Mann fährt von C nach D mit einer Geschwindigkeit von 32 Lutts per Wor.

Mipps und Wors

Organisation

Art des Spiels:
o Interaktionsrätsel
o Kategorie C

Anzahl der Teilnehmer:
Praktisch beliebig. Teams von 5 bis 8 Teilnehmern.

Zeitbedarf:
30-40 Minuten plus eventuelle Reflexionszeit

Material:
o 1 Satz Informationszettel für jede Gruppe

Ablauf

Wieviele Wors? Das ist hier zu klären. Teilen Sie die Gruppe in Teams von fünf bis acht Teilnehmern. Als Vorbereitung haben Sie nebenstehende Vorlage für jedes Team einmal auf Kartonpapier kopiert und entlang der Linien zerschnitten, so dass jeder Gruppe ein Satz von Informationskarten zur Verfügung steht. Erklären Sie zuerst die Aufgabe und Rahmenbedingungen: »Ein Mann auf einem fremden, der Erde ähnlichen Planeten fährt von A über die Städte B und C nach D. Auf diesem Planeten gibt es die Längenmaße Lutts und Mipps. Die Zeit wird in den Einheiten Dars, Wors und Mirs gemessen.«

Die Frage ist: »Wie viele Wors braucht der Mann von A nach D?«

Mit Hilfe der Informationszettel lässt sich diese Frage beantworten. Jeder Teilnehmer bekommt einen Teil der Informationen. Mischen Sie die Zettel durch und verteilen Sie sie so, dass jeder aus der Gruppe in etwa die gleiche Anzahl von Informationen erhält.

Die Rahmenbedingungen: »Die Informationen auf den Zetteln dürfen mündlich ausgetauscht werden. Jeder Teilnehmer darf seine Zettel nicht aus der Hand geben. Es darf kein offizieller Gruppenführer bestimmt werden.« Der Informationsaustausch über andere Medien wird nicht explizit verboten, aber es wird auch nicht auf die Möglichkeit hingewiesen. Wenn eine Gruppe diese Möglichkeit wahrnimmt, sollte sie selbst darauf kommen.

Zum Ansporn können Sie eine Belohnung für diejenige Gruppe in Aussicht stellen, die am schnellsten ist. Natürlich erhalten hinterher alle eine Überraschung.

Das Tückische an dieser Übung ist es, dass viele Informationen überflüssig oder sogar irreführend sind. Im Grunde genommen werden nur sechs Informationen benötigt, um die Aufgabe zu lösen. Und zwar:
o Es ist 6 Lutts von A nach B.
o Es ist 8 Lutts von B nach C.
o Es ist 48 Lutts von C nach D.
o Der Mann fährt von A nach B mit einer Geschwindigkeit von 24 Lutts per Wor.
o Der Mann fährt von B nach C mit einer Geschwindigkeit von 32 Lutts per Wor.
o Der Mann fährt von C nach D mit einer Geschwindigkeit von 32 Lutts per Wor.

Lösungshinweis:

Der Mann fährt von A über B und über C nach D.

A → B → C → D

Entfernungen der einzelnen Punkte

A 6 Lutts B 8 Lutts C 48 Lutts D

Geschwindigkeit zwischen den Punkten

A 24 Lutts/Wor B 32 Lutts/Wor C 32 Lutts/Wor D

Daraus ergibt sich die Dauer in Wor zwischen den Punkten

A 0,25 Wor B 0,25 Wor C 1,5 Wor D

Lösung: Der Mann braucht 2 Wor von A nach D.

Reflexion

»Mipps und Wors« bietet sich an, um zu reflektieren, wie mit Informationen in einer Gruppe umgegangen wird.

Einige Gruppenmitglieder haben relevante Informationen, andere weniger relevante. Einige stellen Fragen, die weiterhelfen oder auch nicht. Keiner kann die Aufgabe allein durch seine Informationen lösen. Er braucht die Angaben der anderen.

»Wie wird mit den Informationen umgegangen?«, »Wie wurden Informationen eingeholt/gegeben/strukturiert/festgehalten?«, »Wie ist die Problemlösung erfolgt?«, »Wer hat sich wie an der Problemlösung beteiligt?«

Einsatz

Wenn es um Teamarbeit, Informationsfluss und den Umgang mit Informationen geht, bietet sich dieses Spiel an.

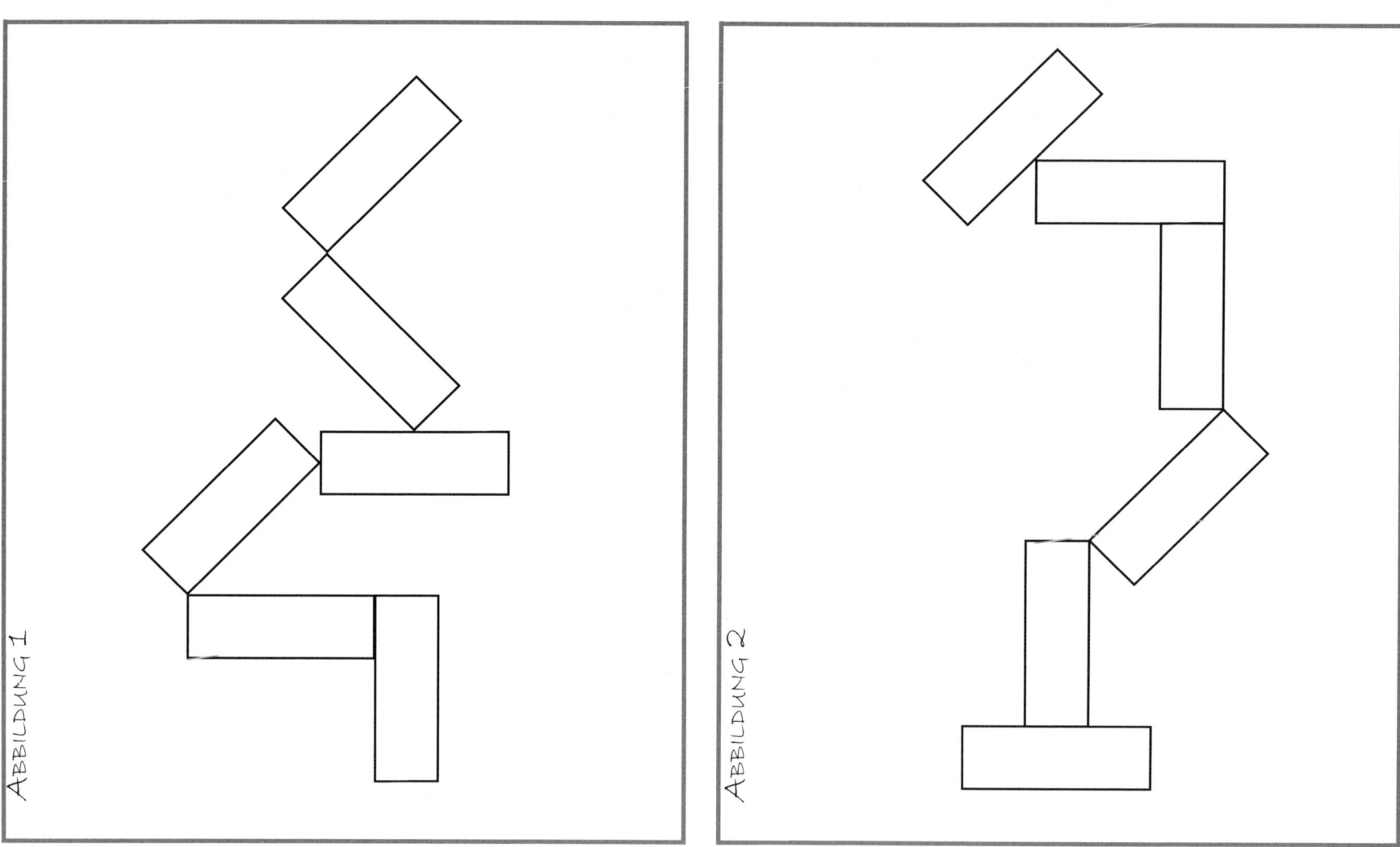

Geometrie-Anweisungen ...

Organisation

Art des Spiels:
- Interaktionsspiel mit Auswertungsmöglichkeit
- Kategorie B-C

Anzahl der Teilnehmer:
Praktisch beliebig. Vorschlag: Nicht mehr als 20 Teilnehmer, da es sonst durch die Rückfragen und Auswertung im Plenum zu lange dauern kann.

Zeitbedarf:
20-40 Minuten plus eventuelle Reflexionszeit

Material:
- 1 Kopie von Abbildung 1 und 2
- 1 Kopie von Abbildung 1 und 2 auf Overheadfolie oder großes Plakat, um die Abbildungen für alle Teilnehmer sichtbar zu machen. Oder eine Kopie für alle Teilnehmer.
- 1 Stift und 2 Blatt Papier für jeden Teilnehmer.
- 1 Kopie des Auswertungsbogens. Am besten auf einer Overheadfolie. So können Sie die Ergebnisse notieren und für alle Teilnehmer sichtbar machen.

Ablauf

Ein Teilnehmer ist der »Erklärer«. Alle anderen Teilnehmer sind »Zuhörer«. Hans nimmt die Chance wahr, die Rolle des Erklärers zu übernehmen. Nur Hans bekommt die Abbildung 1 zu sehen.

Erläutern Sie für alle Beteiligten: »Hans hat eine Abbildung bekommen, auf der sechs gleich große Rechtecke in unterschiedlicher Lage und Anordnung dargestellt sind. Hans hat die Aufgabe, euch das Aussehen der Abbildung zu erläutern. Eure Aufgabe ist es, die Zeichnung nach den Anweisungen von Hans zu erstellen. Wir machen insgesamt zwei Durchläufe mit unterschiedlichen Regeln. Hier die Regeln des ersten Durchlaufes.« Die Regeln lauten: Der Erklärer darf so lange erklären, wie er möchte, und zwar in einer »einseitigen« Kommunikation, das heißt, die Zuhörer dürfen nicht rückfragen (oder »hää?« rufen). Die Erklärung erfolgt in rein verbaler Form ohne Körpersprache oder in die Luft zu zeichnen. Stoppen Sie die Zeit für diese Erklärungsaktion.

Nach dieser ersten Erklärung kommt eine Auswertungsfrage. Der Erklärer soll auf dem Blatt notieren, was er schätzt, wie viele Zuhörer wie viele Rechtecke korrekt gezeichnet haben. Als korrekt gilt: Rechteck in der richtigen Lage und »ungefähr« an der korrekten Position.

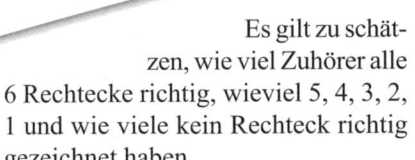

Es gilt zu schätzen, wie viel Zuhörer alle 6 Rechtecke richtig, wieviel 5, 4, 3, 2, 1 und wie viele kein Rechteck richtig gezeichnet haben.

Die Zuhörer sollen die Schätzung notieren, wie viele Rechtecke sie selbst richtig gezeichnet haben. Nach dieser Schätzaktion geht es in die zweite Runde. Der Erklärer bekommt die zweite Abbildung. Auch hier ist es die Aufgabe, den Zuhörern die Abbildung so zu erklären, dass sie diese nachzeichnen können. Jetzt ist eine dialogische Kommunikation erlaubt. Das heißt, die Zuhörer können Fragen stellen, wenn sie etwas nicht verstanden haben, und der Erklärer kann sich rückversichern, ob alles klar ist. Stoppen und notieren Sie auch hier die Zeit.

Wenn alles erklärt ist, wird auch hier geschätzt. Der Erklärer schätzt wieder, wie viel wohl die Zuhörer richtig verstanden haben, und jeder Zuhörer schätzt, was er meint, selbst richtig gezeichnet zu haben.

Zeigen Sie die beiden Abbildungen der gesamten Gruppe. Jeder Zuhörer überprüft selbst, wie viele Rechtecke er bei Abbildung 1 und bei Abbildung 2 richtig gezeichnet hat, und notiert die Zahl auf dem jeweiligen Blatt.

Jetzt nehmen Sie sich den Auswertungsbogen zur Hand. Fragen Sie zuerst den Erklärer nach seinen Schätzungen und notieren Sie diese in Spalte 1 und 2 des Auswertungsbogens. Als Nächstes fragen Sie die Zuhörer nach

Auswertungsbogen Geometrie-Anweisung	Erklärungszeit für Abbildung 1:		Erklärungszeit für Abbildung 1:			
Anzahl der »richtigen« Rechtecke	Schätzung des »Erklärers«		Schätzung der »Zuhörer«		Tatsächlich »korrekt« gezeichnete Rechtecke	
	Abbildung 1	Abbildung 2	Abbildung 1	Abbildung 2	Abbildung 1	Abbildung 2
6 Rechtecke						
5 Rechtecke						
4 Rechtecke						
3 Rechtecke						
2 Rechtecke						
1 Rechtecke						
0 Rechtecke						

... GEOMETRIE-ANWEISUNGEN

ihren »richtig« Schätzwerten der ersten Abbildung. Das machen Sie am besten per Handzeichen. »Wer hat alle 6 richtig geschätzt? - Wer 5? - Wer 4? ... und wer dachte, er hat keines richtig gezeichnet?« Die jeweilige Anzahl notieren Sie für Abbildung 1 in Spalte 3 und für Abbildung 2 in Spalte 4.

Zu den tatsächlich richtig gezeichneten Rechtecken. Auch hier fragen Sie am besten per Handzeichen bei den Zuhörern ab und notieren die Ergebnisse in Spalte 5 für Abbildung 1 und Spalte 6 für Abbildung 2.

Wenn Sie den Auswertungsbogen auf eine Overheadfolie kopiert haben, können Sie die Ergebnisse mit Folienstift eintragen und jetzt für alle Teilnehmer sichtbar machen.

REFLEXION

Häufig liegen die Schätzungen der Teilnehmer und die Anzahl der tatsächlich richtig gezeichneten Rechtecke deutlich auseinander. Auch die Schätzungen des Erklärers, stimmen selten mit der Realität überein. Am krassesten ist dies beim ersten Durchgang ohne Rückfrage zu sehen. Meist (nicht immer) ergibt sich das Bild, dass der Erklärer die Anzahl der richtigen Zuhörerrechtecke deutlich höher schätzt, als die Realität es zeigt (Vergleich Spalten 1 und 5). Er hat seine Erlärung für so deutlich gehalten, dass er meint, mehr Zuhörer hätten ihm folgen können und hätten die Figuren richtig gezeichnet. Auch die Zuhörer schätzen die Anzahl ihrer richtigen Rechtecke höher ein, als die Realitätsüberprüfung ergibt (Vergleich Spalten 3 und 5). Hier tritt der Effekt auf, dass die Zuhörer meinen, »es schon richtig verstanden zu haben«.

Beim der zweiten Abbildung liegt die Anzahl der tasächlich richtig gezeichneten Rechtecke meist deutlich über dem des ersten Versuchs (Vergleich Spalten 5 und 6). Hier zeigt sich, wie wichtig dialogisches Nachfragen in Erklärungs- oder Vermittlungssituationen ist.

Der zweite Erklärungsversuch braucht zwar mehr Zeit, aber die Qualität der Informationsvermittlung ist signifikant besser.

Auswertungsfragen: »Wie haben Sie das Experiment erlebt?«, »Welches Ergebnis hatten Sie erwartet?«, »Welche Erkenntnisse können Sie für ihre Arbeitssituation aus den Ergebnissen ableiten?«

EINSATZ

Dieses Geometrie-Experiment passt in Seminare mit den Themen Kommunikation, Beratungsverkauf, Führung, Train the Trainer, Präsentation oder Qualitätsmanagement. Sie können den Teilnehmern bewusst machen, wie sehr man sich irren kann, wenn man meint, etwas plausibel erklärt zu haben. Was kommt tatsächlich bei den Zuhörern an? Auch mancher Zuhörer meint mehr verstanden zu haben, als tatsächlich angekommen ist.

AUSWERTBOGEN GEOMETRIE-ANWEISUNG	SCHÄTZUNG DES »ERKLÄRERS«		ERKLÄRUNGSZEIT FÜR ABBILDUNG 1: 5min — SCHÄTZUNG DER »ZUHÖRER«		ERKLÄRUNGSZEIT FÜR ABBILDUNG 1: 23min — TATSÄCHLICH »KORREKT« GEZEICHNETE RECHTECKE	
ANZAHL DER »RICHTIGEN« RECHTECKE	ABBILDUNG 1	ABBILDUNG 2	ABBILDUNG 1	ABBILDUNG 2	ABBILDUNG 1	ABBILDUNG 2
6 RECHTECKE	II	卌	I	卌III		卌I
5 RECHTECKE	卌I	IIII	III	卌		卌
4 RECHTECKE	III	III	卌II			
3 RECHTECKE	I		II		卌	
2 RECHTECKE	I				卌	
1 RECHTECKE					III	
0 RECHTECKE						

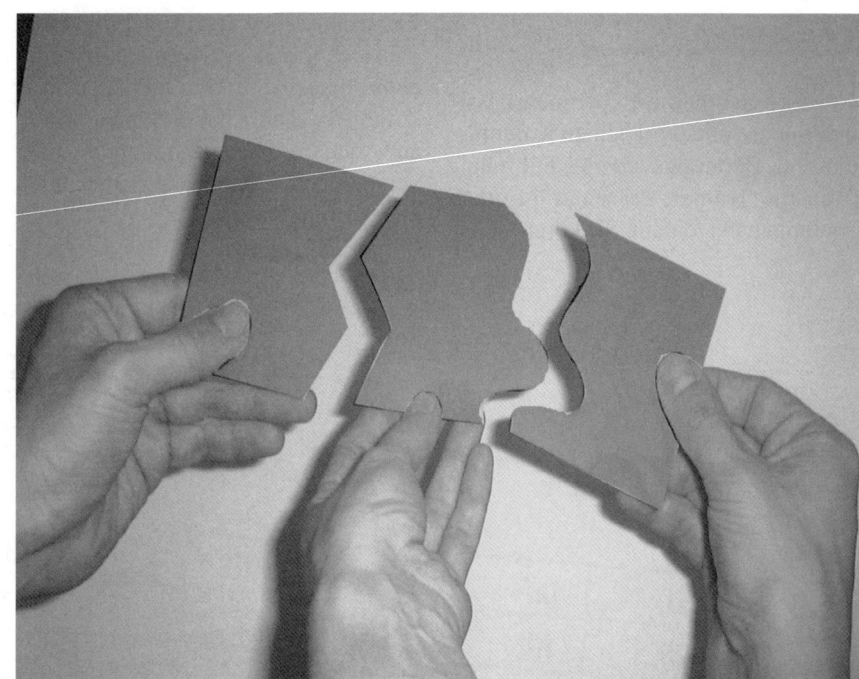

FINDEKARTEN

ORGANISATION

ART DES SPIELS:
o Möglichkeit zur zufälligen Gruppenbildung
o Kategorie A

ANZAHL DER TEILNEHMER:
Praktisch beliebig. Vorschlag: Nicht mehr als 20 Teilnehmer, da sonst das Finden zu lange dauert.

ZEITBEDARF:
2-5 Minuten

MATERIAL:
o 1 Pinnwandkarte pro Gruppe
o Schere zum Zerschneiden der Karten

ABLAUF

Findekarten sind eine schöne Möglichkeit zur zufälligen Gruppenbildung. Sie nehmen so viele Pinnwandkarten, wie Gruppen gebildet werden sollen.

Dann zerschneiden Sie jede Pinnwandkarte einzeln in unregelmäßige Stücke, so dass so viele Teile entstehen, wie eine Gruppe Teilnehmer hat.

Kartenstücke durchmischen. Jeder Teilnehmer zieht ein Teilstück und kann damit seine Gruppenmitglieder finden. Die Teilstücke der Gruppenmitglieder müssen zusammen wieder eine ganze Pinnwandkarte ergeben.

EINSATZ

Diese Methode zur Gruppenfindung können Sie in allen Seminaren einsetzen, bei denen sich Kleingruppen durch Zufall zusammenfinden sollen.

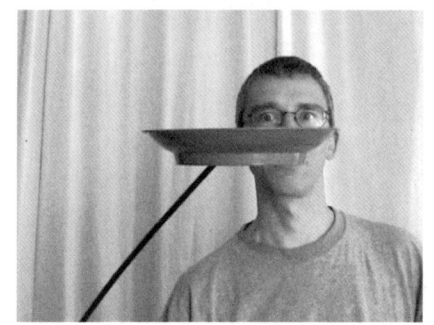

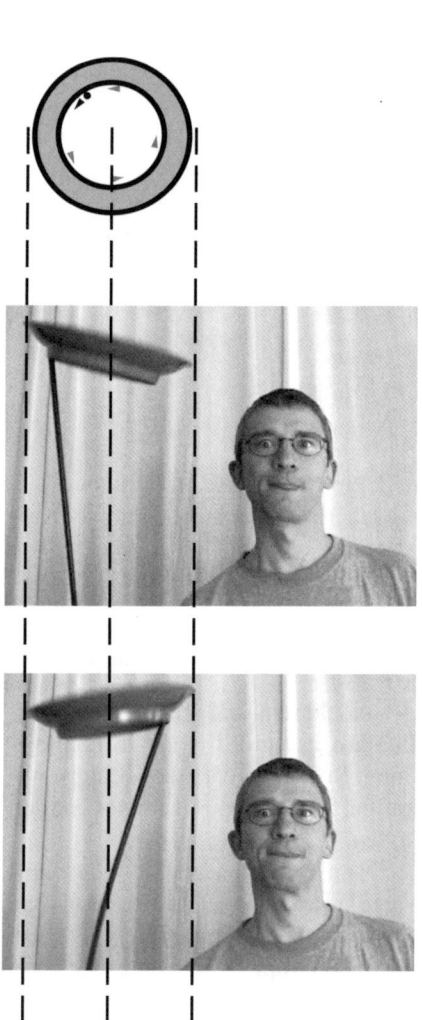

Kurzanleitung Teller-Jonglage

Organisation

Art des Spiels:
o Hier lernen Sie die Teller-Jonglage.

Anzahl der Teilnehmer:
Sie selbst. Und natürlich können Sie auch Ihre Teilnehmer probieren und üben lassen.

Zeitbedarf:
Manche schaffen es in 5 Minuten, aber im Schnitt braucht man schon 30 bis 60 Minuten, bis man es raus hat.

Material:
o Jonglier-Teller mit Stab

Ablauf

Hier eine kurze Anleitung für die einfache Teller-Jonglage. Die Teller-Jonglage ist keine allzu komplizierte Sache, und mit einiger Übung und Geduld werden Sie bald Erfolg haben.

In Schwung bringen

Hängen Sie den Teller mit der Kante an die Spitze des Stabes. Der Stab wird am unteren Ende gefasst. Jetzt machen Sie mit der Stabspitze eine kreisförmige Bewegung aus dem Handgelenk. Erst kleine Kreise und dann größere. Die Drehbewegung des Tellers wird dadurch erzeugt, dass Sie die Stabspitze kreisförmig bewegen. Der Teller bleibt »drehend« an einer Stelle. Das heißt er hat wenig Abweichungen nach links, rechts, vorne oder hinten. Auch in der Startphase, wenn der Teller noch nicht waagerecht dreht und ein wenig »eiert«, bleibt er »drehend« relativ an einer Stelle. Das Handgelenk und damit der untere Teil des Stabes bleibt die ganze Zeit ungefähr in der Mittelachse.

Klassischer Anfängerfehler: Es wird versucht, die Drehbewegung des Tellers dadurch zu erreichen, dass der Teller um die Stabspitze gedreht bzw. geschleudert wird.

Und ruhig halten

Wenn der Teller erst einmal richtig in Schwung ist, ist der Rest ein Kinderspiel. Jetzt die Kreisbewegungen mit der Stabspitze beenden und den Stab auf der Mittelachse senkrecht halten. Und schon dreht sich der Teller in der Mitte.

Jetzt können Sie Kunststückchen machen. Den Stab schräg halten, den Teller hochwerfen oder sich, wenn Sie zu zweit sind, den Teller zuwerfen und mit dem Stab fangen. Ganz Mutige können das mit zwei Tellern gleichzeitig probieren.

Anleitung mit Kurzvideos im Internet unter: www.gert-schilling.de

Einsatz

Einsatzmöglichkeiten der Teller-Jonglage als Erklärungsmetapher in Seminaren finden Sie auf der nächsten Seite. Blitzlicht mit Teller auf Seite 53.

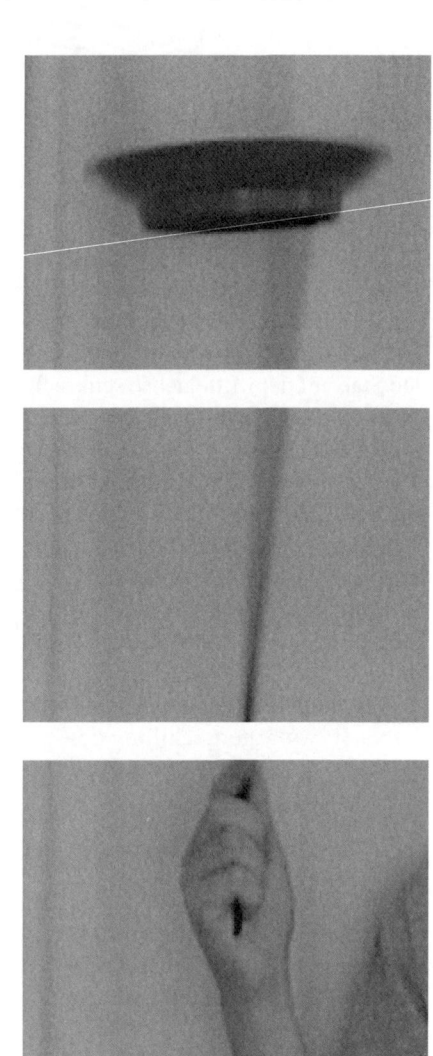

Jonglier-Teller-Metapher

Organisation

Art des Spiels:
o Erklärungsmetapher mit Jonglier-Teller
o Kategorie A

Anzahl der Teilnehmer:
Praktisch beliebig

Zeitbedarf:
10-20 Minuten

Material:
o Wenn die Teilnehmer selbst jonglieren sollen, brauchen Sie mehrere Seminar-Jonglier-Teller.

Ablauf

Wenn Sie die Teller-Jonglage gut beherrschen, können Sie den Seminar-Jonglier-Teller bei Moderations- und Führungsseminaren als »Führungs-Metapher« einsetzen.

Nehmen Sie Teller und Stab in die Hand und beginnen Sie Ihre Erklärung: »Ich habe hier eine Sache mitgebracht, die sehr schön einige Eigenschaften repräsentiert, die man als Führungskraft (Teamleiter, Moderator, Seminarleiter) mitbringen sollte. Zum einem sollte man die Fähigkeit haben, die Sache in Schwung zu bringen, die Gruppe (das Team, die Teilnehmer) zu motivieren.« Dabei bringen Sie den Teller mit dem Jonglier-Stab in Schwung.

»Zum anderen sollte man aber auch die Fähigkeit haben, der Gruppe zu vertrauen und die Sache mal alleine laufen zu lassen und nicht immer wieder darin herumzurühren.« Jetzt halten Sie den Jonglierstab still, und der Teller dreht sich von alleine weiter.

»Wer möchte, kann gleich in der Pause seine Führungsfähigkeit ausprobieren.«

Einsatz

In Seminaren mit dem Thema Führung oder Moderation ist die Teller-Jonglage eine tolle Metapher mit gleichzeitiger Aktion in der nächsten Pause.

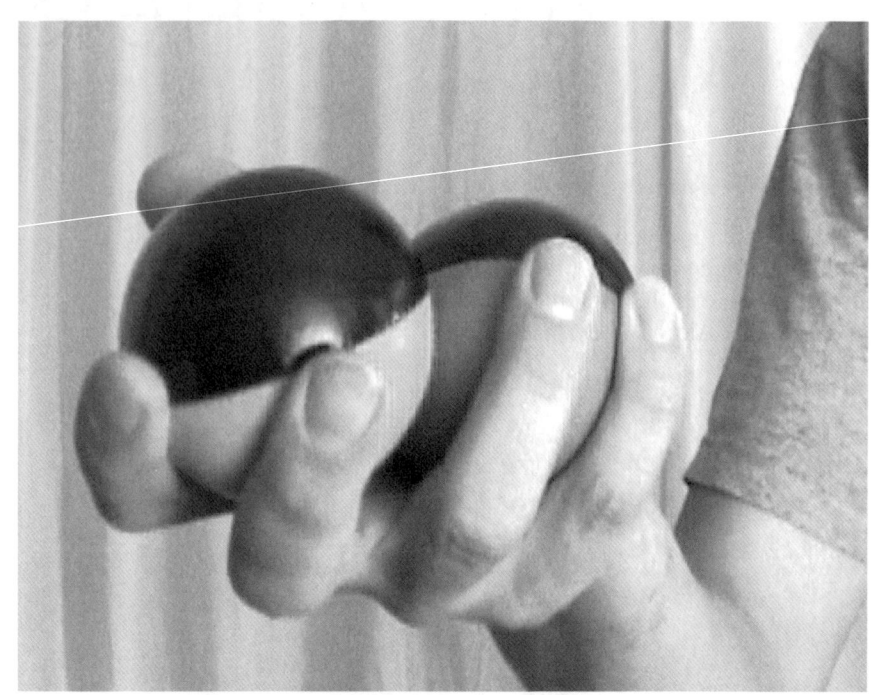

Kurzanleitung 3-Ball-Jonglage ...

Organisation

Art des Spiels:
o Hier lernen Sie die klassische 3-Ball-Jonglage

Anzahl der Teilnehmer:
Sie selbst. Und natürlich können Sie auch Ihre Teilnehmer probieren und üben lassen.

Zeitbedarf:
Einige Stunden

Material:
o 3 Seminar-Jonglier-Bälle
o Ihre zwei Hände

Ablauf

Hier eine kurze Anleitung für die klassische 3-Ball-Jonglage. Die Figur, die Sie lernen werden, nennt sich »Kaskade«.

Erst einmal vorweg: Die 3-Ball-Jonglage ist lernbar. Es ist aber keine Sache, die man sich mal eben in fünf Minuten aneignen kann. Der Lernprozess erfordert Übung, Kontinuität und Geduld. Üben Sie lieber jeden Tag entspannt eine halbe Stunde als vier Stunden angestrengt am Stück. Sie werden wahrscheinlich nicht in der ersten Übungseinheit zu einer flüssigen 3-Ball-Jonglage kommen, sondern Schritt für Schritt mit Geduld, Ruhe und Übung. Zur Haltung: Stehen Sie aufrecht, die Unterarme 90° angewinkelt. Schultern und Handgelenke sind locker.

1. Schritt

Langsam anfangen. Legen Sie zwei Bälle beiseite. Sie beginnen mit einem Ball. Stellen Sie sich ein Rechteck vor mit den Ecken links oben und rechts oben. Alle Erklärungen sind für Rechtshänder gedacht.

Versuchen Sie den Ball mit der rechten Hand in Richtung der linken oberen Ecke zu werfen und mit der linken Hand zu fangen. Dann umgekehrt mit der linken Hand in die rechte obere Ecke werfen und rechts fangen. Wenn Sie diesen Ablauf üben, versuchen Sie, immer gleichmäßig die gleiche Bahn und Höhe zu werfen. Diese Phase ist zwar noch nicht besonders spektakulär, aber die Grundlage für die weiteren Schritte. Üben Sie einige Minuten.

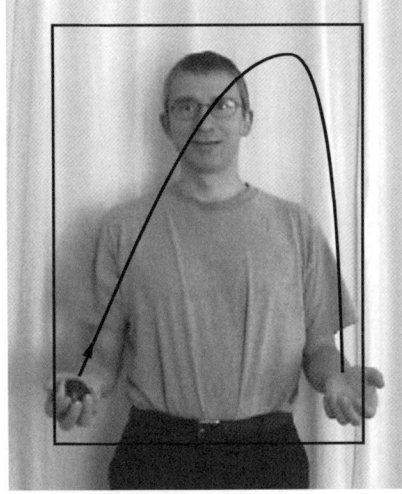
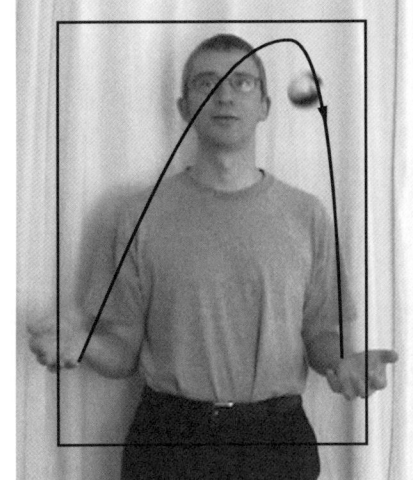
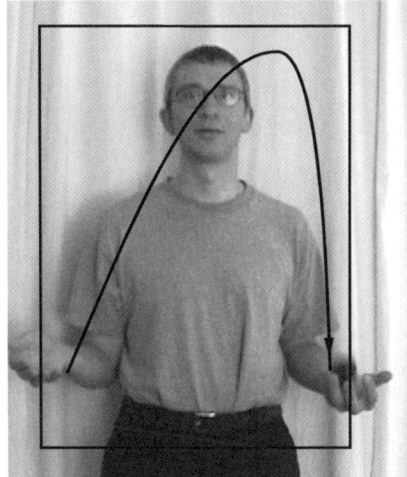

...Anleitung 3-Ball-Jonglage

2. Schritt

Her mit dem zweiten Ball. Einen rechts und einen links. Jetzt geht es darum, den richtigen Abwurfrhythmus zu trainieren. Werfen Sie mit der rechten Hand den Ball in der Flugbahn aus der ersten Übung los (Bild 1).

Wann ist jetzt der Zeitpunkt gekommen, um den linken Ball loszuwerfen? Sobald der zuerst hochgeworfene Ball den höchsten Punkt erreicht hat (wenn Sie mit der rechten Hand beginnen, ist das die linke Ecke), werfen Sie den zweiten Ball ab (Bild 2). Und jetzt fangen. Zuerst mit der linken Hand und dann mit der rechten (Bild 3).

Wenn es mit dem Fangen nicht gleich klappt, ist das kein Problem. Üben Sie erst einmal den »Abwurfrhythmus«. Trainieren Sie diese Phase so, dass Sie einmal mit der linken und einmal mit der rechten Hand beginnen. Achten Sie auch hier darauf, dass die Flugbahnen und Höhen beider Seiten möglichst ähnlich sind.

Wenn dieser Bewegungsablauf gut klappt, her mit dem dritten Ball.

3. Schritt

Wo ist der dritte Ball? Da wir nur zwei Hände haben, gilt es, zwei Bälle mit einer Hand zu halten. Nehmen Sie zwei Bälle in die rechte Hand, und zwar so, dass Sie den vorderen Ball loswerfen und den hinteren noch festhalten können. Wie wird geworfen und gefangen? Ersten Ball mit der rechten Hand loswerfen (dort, wo Sie zwei Bälle in der Hand haben). Sobald dieser den höchsten Punkt erreicht hat, den zweiten Ball mit links hochwerfen. Wenn dieser wiederum den höchsten Punkt erreicht hat, geht der dritte Ball von rechts auf die Reise. Versuchen Sie in dieser Übungsphase zuerst einmal, alle Bälle »wegzuwerfen« und den Dreier-Abwurfrhythmus herauszubekommen. Beim Jonglieren kommt es zuerst auf das Loslassen und dann auf das Fangen an. Als Nächstes versuchen Sie, den zuletzt geworfenen Ball mit der linken Hand noch zu fangen und im folgenden Schritt den zweiten mit der rechten Hand zu fangen. Um in einen Dreier-Abwurfrhythmus zu kommen, gilt es, diese Bälle gleich wieder auf die Reise zu schicken. Ein häufiger Anfängerfehler ist es, dass die Bälle an »den Fingern kleben«. Hier die Bälle lieber loswerfen (und nicht fangen), als den Ball »festzuhalten«. Wie so häufig im Leben, ist hier das Loslassen die Kunst.

Anleitung mit Kurzvideos im Internet unter: www.schilling-verlag.de

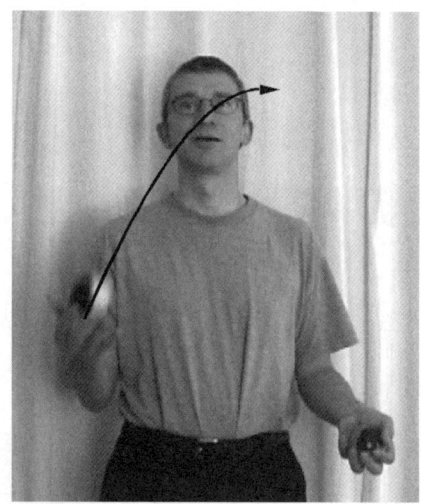

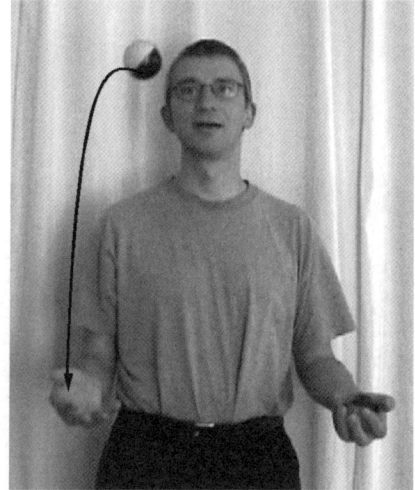

Spanisches Feuerwerk

Organisation

Art des Spiels:
- Unterhaltung am Abend nach einem Seminartag
- Kategorie A

Anzahl der Teilnehmer:
Praktisch beliebig. Sie müssen nur genügend Material zur Verfügung haben.

Zeitbedarf:
40-90 Minuten

Material:
Materialbedarf für 10 Teilnehmer:
- 2-3 Packungen Stahlwolle (gibt es im Baumarkt, die Feinheit ist egal, nehmen Sie einfach die günstigste)
- 3 Rollen Toilettenpapier
- 2-3 Rollen Bindedraht ohne Kunststoffummantelung (Baumarkt, häufig in der Gartenabteilung, meist auf einen Holzstab gewickelt)
- 1 Rolle Seil (stabile Paketschnur)
- 1-2 Scheren (und eventuell Saitenschneider)
- Feuerzeug oder Streichhölzer (eventuell 1-2 Kerzen)
- Eventuell 1-2 alte Handschuhe oder Gartenhandschuhe

Ablauf

Wenn Sie mit Ihren Teilnehmern den Abend nach einem Seminartag verbringen, haben Sie und die Teilnehmer vielleicht Lust auf eine spannende gemeinsame Aktion.

Wie wäre es mit einem Feuerzauber? Einem selbst gebastelten Feuerwerk? Die verwendeten Materialien ergeben einen überraschenden Effekt. Bevor ich es vergesse, das Feuerwerk ist für draußen (nicht im Seminarraum!!), und Sie brauchen ein freies Feld ohne leicht entzündliche Dinge in der Nähe. Also das Feuerwerk nicht in der Lüneburger Heide bei Waldbrandstufe 5 durchführen.

Wie es gebaut wird: Zuerst ein Stück von der Stahlwolle abreißen, auseinanderzupfen und zu einem etwa

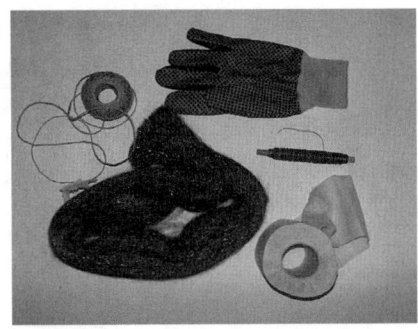

tennisballgroßen Knäuel leicht zusammendrücken. Dieser Stahlwolleball wird mit zwei bis drei Lagen Toilettenpapier umwickelt. Jetzt kommt der Bindedraht zum Einsatz. Der Ball wird so mit Draht umwickelt, dass er wie ein kleiner Drahtkäfig aussieht. Die »Maschen« sollten nie größer als 1 cm auseinander liegen. Zum Schluss biegen Sie eine kleine Öse an den Drahtkäfig. An dieser Öse wird eine etwa ein Meter lange Schnur befestigt mit einer Schlaufe am Ende. Das war's, der Feuerwerkskörper ist fertig. Sie haben eine umwickelte Stahlwollekugel an einem Seil.

Spätestens jetzt sollten Sie mit Ihren Teilnehmern das Gebäude verlassen und ein offenes Feld aufsuchen.

Start des Feuerwerks: Die Kugel wird am Papier angezündet. Sobald das Papier etwas brennt, wird die Stahlwollekugel an dem Seil im Kreis herumgeschleudert. Vertikal. Dadurch fängt irgendwann die Stahlwolle Feuer und verglüht in einem beeindruckenden Funkenregen. Die Kunst ist es, am Anfang nicht so schnell zu drehen, dass die Flamme verlöscht, aber auch nicht zu langsam, da sonst die Stahlwolle nicht brennt. Glüht erst einmal die Stahlwolle, können Sie so schnell drehen, wie es nur irgend geht. Um so höher fliegen die Funken. Lassen Sie immer nur einen Teilnehmer das Feuerwerk starten. Die Anderen genießen den Anblick. Überflüssig zu erwähnen, dass Sie dies nicht in Ihrem Sonntagsanzug durchführen und keiner Ihrer Teilnehmer im Funkenregen stehen sollte. Also ältere Kleidung tragen und Abstand halten. Alles, was mit Feuer zu tun hat, ist nicht ganz ungefährlich (vielleicht besorgen Sie sich einen Eimer Sand oder einen Feuerlöscher, bei mir ist aber noch nie etwas passiert). Noch ein Hinweis: Beim Drehen der Schnur kommt es manchmal zu kleinen Abschürfungen an der Hand, wenn man die Schnur nicht richtig hält. Ein alter Handschuh verhindert dies.

So, ich hoffe, Sie haben sich durch die »Sicherheitshinweise« nicht abschrecken lassen. Bevor Sie das Feuerwerk im Seminar einsetzen, machen Sie einen Test mit guten Freunden. Manchmal muss man ein wenig experimentieren, bis es funktioniert. Aber dann ist es sehr schön und überraschend.

Einsatz

Primär eine Auflockerung und gemeinsame Aktion am Seminarabend.

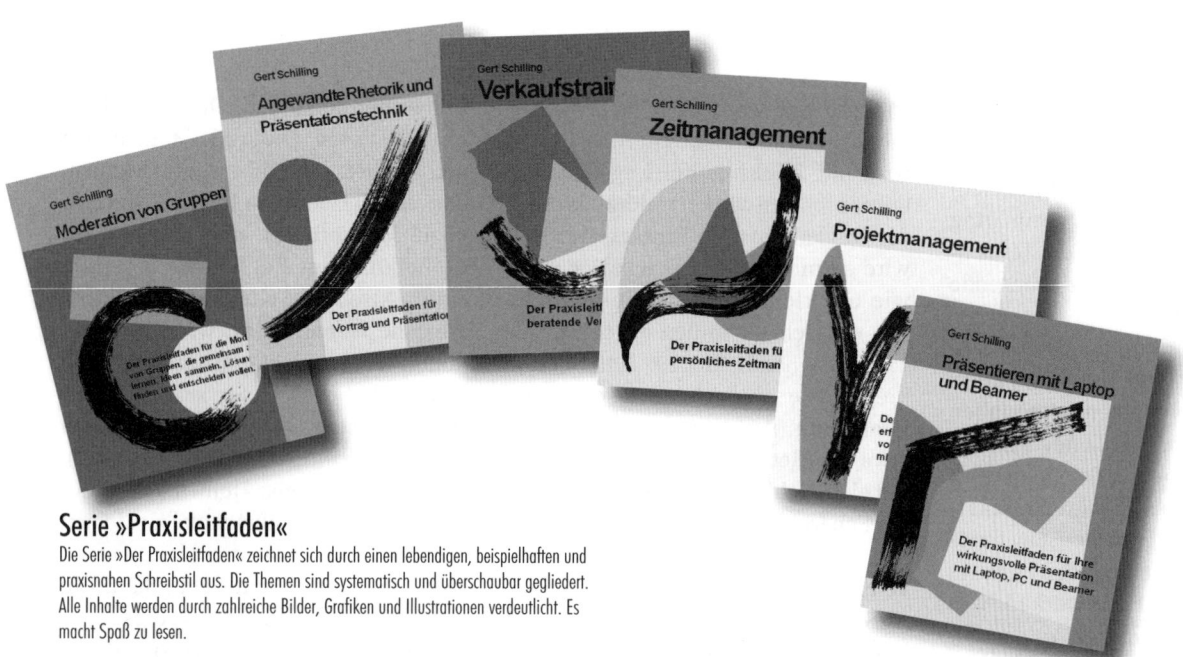

Serie »Praxisleitfaden«
Die Serie »Der Praxisleitfaden« zeichnet sich durch einen lebendigen, beispielhaften und praxisnahen Schreibstil aus. Die Themen sind systematisch und überschaubar gegliedert. Alle Inhalte werden durch zahlreiche Bilder, Grafiken und Illustrationen verdeutlicht. Es macht Spaß zu lesen.

Moderation von Gruppen
Der Praxisleitfaden für die Moderation von Gruppen, die gemeinsam arbeiten, lernen, Ideen sammeln, Lösungen finden und entscheiden wollen

24,- Euro, 21x25 cm, 167 Seiten, ISBN 978-3-930816-59-0

Angewandte Rhetorik und Präsentationstechnik
Der Praxisleitfaden für Vortrag und Präsentation

24,- Euro, 21x25 cm, 145 Seiten, ISBN 978-3-930816-58-3

Verkaufstraining
Der Praxisleitfaden für das beratende Verkaufsgespräch

24,- Euro, 21x25 cm, 149 Seiten, ISBN 978-3-930816-61-3

Zeitmanagement
Der Praxisleitfaden für Ihr persönliches Zeitmanagement

24,- Euro, 21x25 cm, ISBN 978-3-930816-62-0

Projektmanagement
Der Praxisleitfaden für die erfolgreiche Durchführung von kleinen und mittleren Projekten

24,- Euro, 21x25 cm, 149 Seiten, ISBN 978-3-930816-60-6

Präsentieren mit Laptop und Beamer
Der Praxisleitfaden für Ihre wirkungsvolle Präsentation mit Laptop, PC und Beamer

24,- Euro, 21x25 cm, 147 Seiten, ISBN 978-3-930816-64-4

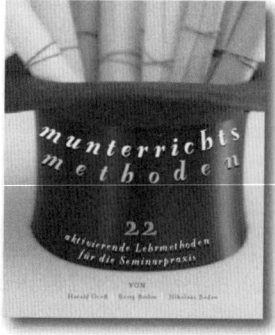

Munterrichtsmethoden
22 aktivierende Lehrmethoden für die Seminarpraxis

Von Harald Groß, Nikolaas Boden und Betty Boden, 28,- Euro, 21x25 cm, Hardcover, 164 Seiten, ISBN 978-3-930816-18-7

Munterbrechungen
22 aktivierende Auflockerungen für die Seminarpraxis

Von Harald Groß, 28,- Euro, 21x25 cm, Hardcover, 149 Seiten, ISBN: 978-3-930816-20-0

Von Kopf bis Fuß auf Lernen eingestellt
Ein munteres Lernhandbuch

Von Harald Groß, Nikolaas Boden und Betty Boden, 24,- Euro, 21x25 cm, 149 Seiten, ISBN 978-3-930816-17-0

Einfach Coaching
Das Praxisbuch für Führungs_kräfte, Projektleiter und Personalverantwortliche

Von Thomas A. Knappe und Jürgen Straßburg, 24,- Euro, 21x25 cm, 168 Seiten ISBN 978-3-930816-19-4

Die METALOG Methode
Hypnosystemisches Arbeiten mit Interaktionsaufgaben

Von Tobias Voß, 29,50 Euro, 20x22 cm, 125 Seiten, ISBN: 978-3-930816-22-4

VISUALTools
Visualisieren leicht gemacht

Von Markus Wortmann, 28,- Euro, 29x21 cm, 110 Seiten, ISBN: 978-3-930816-21-7

Seminar-Spiele
Kennenlernspiele, Auflockerungsspiele, Feedbackspiele und Interaktionsspiele

Zum Buch erhalten Sie drei Seminar-Jonglier-Bälle 34,- Euro, 28x19 cm, 133 Seiten, inklusive 3 Jonglier-Bälle (Buch ohne Bälle 24,- Euro) ISBN 978-3-930816-63-7

Jonglier-Bälle
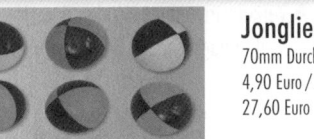

70mm Durchmesser, 130 Gramm, 1 Ball 4,90 Euro / 3 Bälle 14,40 Euro / 6 Bälle 27,60 Euro

Jonglier-Teller

24cm Durchmesser, Preis 1 Jonglierteller mit Stab 3,50 Euro

Koosh Bälle

Durchmesser ca. 9 cm. 1 Ball 6,90 Euro / 3 Bälle 17,90 Euro

Schaumstoff-Würfel

Würfelfarbe: rot, deutlich ausgestanzte Würfelaugen in gelb, Größe 16 x 16 cm, 1 Würfel 6,50 Euro

Overhead-Zeigestab »Hand«

Material: farbiges Plexi, fluoreszierend, durchscheinend Maße: ca. 17 cm lang 3 mm dick, Farbe: rot, inklusive zwölfseitigem Heft, Preis Stück 5,- Euro / 5 Stück 20,- Euro

Didaktische Zaubermaterialien

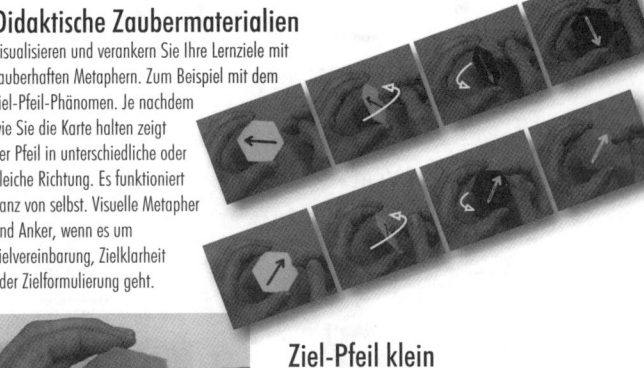

Visualisieren und verankern Sie Ihre Lernziele mit zauberhaften Metaphern. Zum Beispiel mit dem Ziel-Pfeil-Phänomen. Je nachdem wie Sie die Karte halten zeigt der Pfeil in unterschiedliche oder gleiche Richtung. Es funktioniert ganz von selbst. Visuelle Metapher und Anker, wenn es um Zielvereinbarung, Zielklarheit oder Zielformulierung geht.

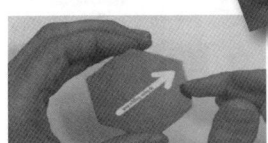

Ziel-Pfeil klein
Durchmesser ca. 7 cm Einzelpreis 3,- Euro
Seminarsatz 15 Stück: 25,-

Ziel-Pfeil groß
Präsentation vor Gruppen
Durchmesser ca. 19 cm Einzelpreis 12,50 Euro

Multi-Pip klein
Größe ca. 8x5,5 cm
Einzelpreis 3,- Euro Seminarsatz 15 Stück: 25,-

Multi-Pip groß
Präsentation vor Gruppen
Größe ca. 25,5x16 cm
Einzelpreis: 12,50 Euro

Team-Puzzle
Größe ca. 27x13 cm, Einzelpreis 3,- Euro, Seminarsatz 15 Stück: 15,- Euro, Team-Puzzle als PowerPoint-Datei (kostenlos) auf der Verlagswebseite: www.schilling-verlag.de

SCHILLING | VERLAG

www.schilling-verlag.de

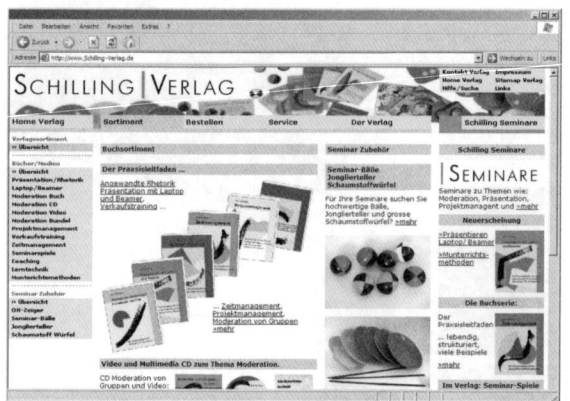

Der Besuch im Internet lohnt sich!
Einblicke in alle Bücher, Bestellmöglichkeit und mehr ...

Kostenlose Downloads
Dateien, Checklisten, Cartoons, Videos und Bilder zum Thema:
+ Projektmanagement + Verkaufstraining + Moderation +
Präsentation + Verkauf + Zeitmanagement + Seminar-Spiele +
und mehr...

Viel Spaß beim Stöbern!

Kontaktdaten Verlag / Seminare
+ Bestellformular: www.schilling-verlag.de
+ per mail: mail@gert-schilling.de
+ per Postkarte oder Brief:
Schilling Verlag - Dieffenbachstrasse 27- 10967 Berlin
+ Fax: +49 (0)30 / 690 418 47
+ oder Telefon: +49 (0)30 / 690 418 46

Versand: Ab 24,-Euro Bestellwert versandkostenfrei für Sie (Deutschland).
Bis 24,-Euro Bestellwert zzgl. 4,50 Euro Porto / Verpackung pauschal.

Schilling Seminare

SCHILLING | SEMINARE
www.schilling-seminare.de

Interesse an einem Seminar?
+ Laptop-Beamer
+ Präsentation
+ Moderationstraining
+ Projektmanagement
+ Zeitmanagement
+ Train the Trainer

Interesse an einem Vortrag?
Lebendige, unterhaltsame und lehrreiche Vorträge für
Tagungen und Kongresse. z.B.:
+ Wirkungsvoll präsentieren mit Laptop und Beamer
+ Zauberkunst für Vorträge und Workshops

Rufen Sie mich an oder mailen Sie mir:
Dipl.-Ing. Dipl.-Päd. Gert Schilling
+49 (0)30 / 690 418 46 mail@gert-schilling.de

Wir sind ein persönlicher Verlag. Bei Fragen und
Anregungen wenden Sie sich gerne an mich.

Ihr Gert Schilling